« Pourquoi j'irais chez la psy, maman?... »

Catalogage avant publication de Bibliothèque et Archives nationales du Québec et Bibliothèque et Archives Canada

Bossé, Michel

« Pourquoi j'irais voir la psy, maman ? Je vais faire quoi avec elle? »
La psychothérapie par le jeu expliquée aux parents
Comprend des réf. bibliogr.
ISBN 978-2-923656-21-2

Éditeur: François Martin
Révision: Anne-Louise Baril et Catherine Rasquain
Mise en page: DocZones
Montage de la page couverture: Faustin Bouchard
Distribution: Groupéditions Éditeurs et Benjamin Livres

Bureau de Montréal : Groupéditions Espace Livres, 303, rue Émery, Montréal (Qc) H2X 1J2
Téléphone: (514) 461-1385 – Télécopieur: (514) 461-1386
info@groupeditions.com
www.groupeditions.com

« Pourquoi j'irais voir la psy, maman?... »
ISBN 978-2-923656-21-2

Dépôt légal - Bibliothèque et Archives nationales du Québec, 2011
Dépôt légal - Bibliothèque et Archives Canada, 2011

Michel Bossé

« Pourquoi j'irais chez la psy, maman?... »

La psychothérapie par le jeu expliquée aux parents

GROUPÉDITIONS

À mes enfants et beaux-enfants :

Catherine, Mathieu, Véronique,
José, Daniel, Mathieu, Geneviève,
Caroline et François.

Autres ouvrages de Michel Bossé

Connaissance et langage : une perspective structuro-génétique intégrée (1984). Trois-Rivières ; Épistémis.

Modes de fonctionnement cognitif et langagier (1990). Trois-Rivières ; Éditions SMG.

Des tout-petits jouent, parlent et... se transforment (1999), (en coll. avec Mylène Boileau et Isabelle Moreau). Montréal ; Édition du Méridien. Réédition (2008). Montréal ; Groupéditions Éditeurs.

Initiation à la pratique psychothérapeutique auprès de l'enfant (2003). Montréal ; ECU. Réédition (2008). Montréal ; Groupéditions Éditeurs.

Le sexe du psychothérapeute et son influence en pratique infantile (2008) (en coll. avec Patrick Bisonnette et Marie-Claude Boutet). Montréal ; Groupéditions Éditeurs.

Introduction

Un grand nombre de parents dont l'enfant a besoin d'une aide psychologique se sentent quelque peu démunis quand il s'agit de communiquer à leur fille ou à leur garçon le message qu'il lui faut aller rencontrer une dame ou un monsieur psychologue qui pourrait l'aider à aller mieux ; ils se sentent encore plus démunis quand ils ont à le convaincre d'accepter la démarche. La difficulté qu'ils éprouvent dans de telles circonstances s'explique en bonne partie par le fait qu'ils n'ont qu'une idée bien imprécise de ce qu'est la psychothérapie de l'enfant et de ses modalités. Dès lors, il n'est pas étonnant qu'ils aient du mal à trouver les mots justes et à élaborer les bonnes phrases pour exposer la nécessité de la démarche à l'enfant, pour obtenir son assentiment et surtout, pour éviter de tenir devant lui des propos susceptibles de donner à la mesure envisagée un caractère punitif.

Cette difficulté vécue par les parents au moment de communiquer à l'enfant l'intention de la référence n'est généralement pas la seule à s'inscrire dans le sillage d'un manque de connaissance de leur part au sujet de la psychothérapie d'enfant. D'autres peuvent éventuellement apparaître tout au long de la démarche et d'ailleurs, avant même de communiquer la perspective de celle-ci à l'enfant. Si on entreprenait de sonder l'étendue de leurs connaissances sur ce sujet, la grande majorité des parents auraient probablement bien du mal à répondre à des questions telles que « Mon enfant devrait-il vraiment aller en thérapie ? », « À quoi porter attention quand on choisit un psychothérapeute ? », « Comment évaluer sa compétence avec les enfants ?», « Quelle est la part et le type d'implication que le thérapeute attend des parents ? », « Comment le thérapeute communique-t-il avec l'enfant ? », « Comment arrive-t-il à trouver un sens à ce que l'enfant produit devant lui ? », « À quoi la psychothérapie doit-elle aboutir ou qu'est-on en droit d'attendre d'elle ? » Pourtant, il leur est possible d'accéder aux connaissances qu'impliquent les réponses à ces questions. Encore faut-il que le cheminement qui les livre soit d'un niveau accessible et qu'il s'appuie ou porte sur des points essentiels.

C'est très précisément à cette tâche d'information qu'est consacré cet ouvrage. Il s'agit tout d'abord de rendre les parents davantage conscients de la nature de l'expérience que va vivre ou que vit leur enfant dans le cours de sa psychothérapie ; il s'agit également de leur donner les outils nécessaires pour apprécier le travail du psychothérapeute et, s'il est vraiment adéquat, pour l'appuyer et contribuer à sa réussite par la qualité de leur implication.

Pour atteindre ces objectifs, nous devons accomplir un parcours bien structuré. Pour que la réalisation de ce parcours soit vraiment féconde, elle doit dans un premier temps prendre pied sur un ensemble de connaissances concernant le développement affectif de l'enfant ; ce sera l'objet du premier chapitre. Il ne saurait être question d'entrer profondément dans le détail de ce développement, comme on le fait dans un cours collégial ou universitaire. Mais il y a tout de même un certain nombre de notions qu'il importe d'aborder parce que leur étude, même rapide, constitue la base sur laquelle va pouvoir s'ériger toute la suite du propos. Les informations qui seront présentées à ce titre s'avèreront indispensables à quiconque voudra se mettre sur la voie d'entrevoir le sens profond des difficultés avec lesquelles l'enfant est aux prises, ce qui fera l'objet du deuxième chapitre. Dans celui d'après, le troisième, nous nous pencherons sur le repérage du point atteint par l'enfant dans son développement, sujet qui présente certainement un grand intérêt pour le parent d'un enfant qui ne va pas bien. Le chapitre quatrième fournira l'occasion au lecteur de découvrir, à l'aide de treize cas, ce qui peut se profiler comme dynamique derrière les symptômes. Le chapitre suivant, le cinquième, présentera une description des principaux motifs avancés par les parents pour amener leur enfant en consultation. Au chapitre sixième, seront proposées quelques orientations concernant le choix d'un psychothérapeute en tenant compte de sa compétence. Au chapitre septième, nous nous pencherons sur les attentes du psychothérapeute à l'endroit des parents. Le chapitre huitième donnera l'occasion de faire l'inventaire des attentes normales des parents à l'endroit du psychothérapeute. Le chapitre neuvième couronnera le parcours : il abordera les modalités entourant l'annonce de la thérapie à l'enfant.

Cet ouvrage propose un parcours structuré, ai-je précisé ci-dessus, mis au point, en fait, avec un souci constant à l'égard de son efficacité « pédagogique », avec la préoccupation que sa lecture soit accessible au plus grand nombre. Sa construction est semblable à celle d'une maison : il y a les fondements, puis les paliers successifs avec des voies de passage de l'un à l'autre, et enfin, le dernier étage, qui couronne le « bâtiment ». Le niveau du discours utilisé change au fur et à mesure que nous gravissons les étages, devenant toujours plus spécifique[1] : des notions sont introduites à chaque chapitre et leur connaissance est prise pour acquise dans les pages subséquentes. Le lecteur qui s'aviserait d'entrer dans la construction en passant outre la visite des étages inférieurs se commettrait dans une opération casse-cou qui compromettrait gravement sa compréhension du contenu subséquent ou le caractère aisé de sa lecture. Le niveau de discours des derniers

1 Un grand nombre de parents et de lecteurs (psychanalystes, psychologues, étudiants en psychologie, etc.), déjà familiers avec une partie plus ou moins importante du contenu, trouveront dans certaines notes infrapaginales des informations plus pointues concernant la pratique clinique auprès des enfants.

chapitres correspond pratiquement à celui des gens qui sont familiers avec le secteur de la psychothérapie de l'enfant. Si le lecteur parcourt ces chapitres avec aise, ce sera la preuve que le pari « pédagogique » aura été tenu.

Chapitre premier

Comment l'enfant se développe sur le plan affectif

S'il est une chose qui, très souvent, surprend les parents d'enfant en besoin d'aide psychologique, c'est d'entendre le psychothérapeute[2] dire que leur garçon ou leur fille présente un déficit dans son développement affectif. Cette façon de s'exprimer n'est pourtant pas très différente de celle que bon nombre d'entre eux utilisent spontanément : « Il (ou elle) manque de maturité », « Il (ou elle) ne se comporte pas comme un enfant de son âge ». Il est vrai que l'évocation d'un « développement en retard » est fréquente, particulièrement de la part de ceux qui ont à interagir régulièrement avec des enfants et qui sont en mesure de les comparer les uns aux autres, que ce soient des parents, des enseignants ou des éducateurs de tout type. De ce fait, peut-être a-t-elle été quelque peu banalisée. Mais la référence à un déficit de développement utilisée par le psychothérapeute sonne autrement aux oreilles des parents ; sans doute avec raison, parce qu'elle est vraiment plus précise, moins intuitive, comme on va pouvoir rapidement le constater ; elle fait usage de critères qui permettent de définir des étapes de développement ou des niveaux de fonctionnement affectif ; et elle ne se limite pas qu'à un type de déficit développemental.

La référence au développement affectif normal constitue une donnée tout à fait essentielle pour déterminer si l'enfant en est rendu à l'étape normalement atteinte par un sujet de son âge ou s'il présente un retard ; en réalité, elle est essentielle pour établir si l'enfant a besoin d'une psychothérapie ou non.

2 Le genre utilisé dans cet ouvrage pour désigner le psychothérapeute (ou le clinicien) n'est masculin qu'en apparence ; en réalité, il est neutre, c'est-à-dire qu'il sert à désigner tout aussi bien les femmes que les hommes.

C'est la raison pour laquelle notre cheminement doit d'abord emprunter cette direction. Nous allons porter notre attention sur le développement mais, comme je l'affirmais ci-dessus, nous aborderons celui-ci d'une manière succincte, de façon à ne pas égarer le lecteur dans une forêt de détails et surtout à ne pas épuiser son intérêt.

Les psychologues et les psychanalystes qui ont une pratique relativement intense de l'intervention auprès de l'enfant s'entendent très généralement pour affirmer que le développement affectif normal traverse les sept phases – ou périodes – et sous-périodes suivantes de la naissance jusqu'à l'adolescence.

1- Période fusionnelle (ou autosensuelle) : de la naissance à 6-7 mois

Dès après sa naissance, le bébé n'a pas une claire conscience de l'environnement qui est le sien. On pourrait dire qu'il voit celui-ci comme au travers d'un voile, ce dont témoigne souvent d'ailleurs son regard un peu embrouillé ou quelque peu imprécis. N'ayant aucune conscience de la mère comme réalité séparée de lui-même, le bébé est décrit comme fusionnant avec elle. Certains auteurs soutiennent pourtant que, dès les premières semaines, le personnage de la mère devient l'équivalent d'une présence d'arrière-plan pour l'enfant. On pourrait probablement dire que cette perception est comparable à celle qui nous vient quand nous avons le sentiment d'une présence humaine qui nous regarde sans que nous ayons la possibilité de la voir clairement. Mais cette présence d'arrière-plan gagne en précision assez rapidement. Au début du deuxième mois, en effet, la réalité environnante commence à prendre forme pour le bébé ; celui-ci devient capable de réagir de façon spécifique à certains stimuli visuels, par exemple, par le sourire à la forme d'un visage. Cette réalité environnante continue d'ailleurs de se préciser grandement dans les deux autres mois qui suivent. Le mode exclusivement fusionnel[3] fait progressivement place (en alternant avec lui) à un mode de presque défusion, mode qui va s'accentuer toujours plus au fur et à mesure que l'enfant se rapproche de ses 6 ou 7 mois.

La même alternance s'observe aussi entre l'autosensualité et la sensualité ; selon le premier de ces deux modes perceptifs, le bébé vit ses activités perceptives comme si elles n'impliquaient que sa propre réalité et non la réalité extérieure ; le deuxième mode implique justement la perception et l'utilisation de ce qui provient de l'extérieur en tant qu'extérieur au soi. Notons au niveau de cette période la présence et les manifestations de la violence défensive, à laquelle on fait communément référence avec l'expression *instinct de survie* ; cette violence défensive apparaît essentiellement sous la forme de pleurs ou de gestes de protestation suite à la perception de l'inconfort, de la faim, de la douleur (coliques, poussées dentaires, etc.).

Le type d'anxiété qui s'empare du nourrisson par moments à ce niveau de développement en est un vraiment intense ou radical : il s'agit de l'angoisse d'anéantissement. Il est absolument important que les personnes qui jouent un rôle maternant auprès de l'enfant évitent que celui-ci ne se retrouve fréquemment aux prises avec cette anxiété (bien au-delà des occasions inévitables de la croissance normale) ; cela pourrait en effet constituer une entrave pour son développement ultérieur. Il est courant chez les spécialistes du développement de présenter cette première période comme étant celle de la dépendance absolue de l'enfant à l'endroit des agents de son environnement les plus actifs à son égard.

3 Ce mode est fusionnel du point de vue de l'enfant et non de celui de la mère. Celle-ci doit, au contraire, prendre et traiter son bébé comme un être animé indépendant ou séparé d'elle-même.

2- Période anaclitique : de 7-8 mois jusqu'à 3 ans environ

Vient un moment où l'enfant réalise que la mère constitue une réalité séparée de lui-même. Cette prise de conscience marque l'entrée de l'enfant dans un mode de dépendance relative, mode dans lequel il va se maintenir jusqu'aux derniers mois de sa troisième année. Notons que cette « découverte » ne doit pas intervenir trop tôt, car elle aurait alors des conséquences très perturbatrices sur le développement de l'enfant (nous y reviendrons au chapitre suivant). On fait référence à cette période en faisant usage du terme *anaclitique*, qualificatif de racine grecque qui, justement, désigne cette dimension de dépendance dans le rapport avec autrui. Cette période anaclitique se constitue de trois sous-périodes qu'il est relativement facile de délimiter.

A) Sous-période anaclitique de bas niveau : début de la mise en place de la conscience de soi et de la conscience de l'autre : 7-8 mois jusqu'à 12-13 mois environ

À ce stade de son développement, l'enfant devient conscient que la mère est un être séparé de lui. Apparaît alors l'angoisse de perte d'objet[4] ou d'abandon par la figure d'attachement, celle-ci étant très généralement la mère. On constate facilement la présence de ce type d'anxiété par le fait que l'enfant tolère très mal d'être mis à distance de cette figure maternelle à laquelle il s'est fortement attaché ; cette capacité de tolérance se développera cependant au fur et à mesure que l'enfant avancera dans sa deuxième année, à condition qu'il n'y subisse pas de traumatisme important (ni de microtraumatismes en série) ; cette dernière expérience pourrait en effet entraîner une certaine vulnérabilité et une apparition trop facile ou fréquente de l'angoisse d'abandon

4 Dans cette expression, ce terme désigne une *personne* et non pas un *objet matériel.*

(ou de perte). La violence défensive (manifestation de protestation liée à l'instinct de survie, on s'en rappellera) subsiste tout au long de cette période ; mais, dans des conditions favorables de développement pour l'enfant, elle devrait normalement en venir à se transformer, notamment sous l'effet de la présence toujours plus étendue des habiletés langagières : d'abord par l'utilisation du langage gestuel et de la production d'images mentales, ensuite par celle du langage verbal.

B) Sous-période anaclitique médiane : 12-13 mois jusqu'à 2 ans et demi environ

Dans cette deuxième sous-période, l'angoisse de perte ou d'abandon continue d'être présente. L'objet mère est beaucoup plus organisé aux yeux de l'enfant, mais il n'est pas encore total (il n'est ni un « grand », ni un être sexué). Le père apparaît maintenant comme davantage présent et comme différencié de la mère. Aux yeux de l'enfant, il est essentiellement un complément ou un substitut de celle-ci. La rivalité fraternelle peut être vive, avec un frère ou une sœur plus jeune, reconnu par l'enfant comme responsable de la perte d'attention qu'il a le sentiment d'avoir subie consécutivement à son arrivée dans la famille. Normalement, à cette période, avec des parents adaptés à leurs tâches de parents aimants et attentionnés, le narcissisme primaire est progressivement comblé : l'enfant développe et conforte son sentiment d'être aimé, d'être important pour les parents.

C) Sous-période anaclitique de haut niveau (phallique) (entre 2 ans et demi et 3 ans)

Quelques mots s'imposent d'abord pour clarifier la notion de phallique. Ce terme vient de *phallus* bien évidemment, un mot dont l'usage commun est bien connu. Mais attention, *phallus* ne sert pas, en psychologie dynamique, à désigner la même chose que *pénis* : il s'agit bien plutôt du statut de puissant, d'efficace, d'habile, de grand que la représentation de forme pénienne a servi à symboliser au fil du temps dans beaucoup de civilisations. Le fonctionnement phallique dont il est question ici concerne il va sans dire autant les filles que les garçons.

La sous-période phallique est normalement traversée rapidement par l'enfant ; elle peut ne durer que quelques semaines quand elle se réalise dans des conditions favorables. L'enfant y devient capable de voir le monde comme constitué de grands et de petits ; il en vient tout naturellement à vouloir faire partie du monde des grands et à refuser de se voir et d'être vu comme un petit. C'est en s'appuyant sur cette volonté ou ce désir que les parents arrivent généralement assez facilement, à cette époque, à convaincre l'enfant que le moment est venu pour lui de « faire pipi » ou « caca » dans le petit pot, « comme un grand ». L'apprentissage de la propreté n'est qu'une des nombreuses avancées comportementales qu'il est alors possible de faire réaliser à l'enfant.

Même si, dans des conditions optimales, cette sous-période est rapidement traversée, les enjeux qu'elle pose sont d'une très grande importance pour la suite du développement. La traversée réussie de cette étape est une condition préliminaire incontournable pour l'accès à la période suivante, celle que nous appellerons ci-après l'œdipienne : il faut en effet absolument que l'enfant abandonne sa vision de lui-même comme étant « un petit » pour pouvoir se mettre en position d'entrer en relation de séduction avec le parent de sexe différent (et de rivalité avec le parent de même sexe). La nature de l'angoisse qui est ressentie dans des moments critiques à cette sous-période phallique en est toujours une de perte ;

il s'agit surtout alors de la peur de perdre la considération et l'amour des êtres significatifs. Notons au passage que chez le sujet de ce niveau de fonctionnement affectif, il n'y a pas encore capacité de culpabilité vraie : il y a tout au plus présence ponctuelle du sentiment de honte suite à un mauvais comportement mettant en danger la considération et l'amour de l'autre significatif. Au contraire de ce qui est ressenti dans la culpabilité vraie, ce sentiment est centré sur le soi, ne tenant compte essentiellement que des conséquences pour le soi et négligeant pratiquement celles qui concernent autrui.

3- Période œdipienne : autour de 3 ans jusqu'à 5.5 - 6 ans

La réalité du conflit œdipien a été galvaudée ces dernières décennies, c'est le moins qu'on puisse dire. Le passage de l'enfant par cette étape semble avoir perdu toute signification aux yeux de beaucoup de gens, qui estiment pourtant s'y connaître grandement dans le développement infantile. Est-ce dû au fait qu'on a longtemps prétendu que tous les enfants, de quelque milieu qu'ils soient, font l'expérience de ce véritable drame sentimental ? Est-ce dû au fait qu'en vertu de cette soi-disant « universalité », on en est venu à négliger son importance pour l'explication des difficultés présentées par un grand nombre d'enfants ? Ou encore, est-ce parce que ceux qui se présentent comme des spécialistes du développement se sont trop éloignés de la réalité interne des enfants pour saisir toute l'importance de ce conflit, préférant se centrer sur l'observable et donc sur le comportemental ? Pourtant, beaucoup de parents, en particulier ceux d'un sexe différent de l'enfant, connaissent la réalité de ce conflit œdipien. Sur quoi se basent-ils ? Sur les confidences tout à fait naïves et spontanées de la part de leur enfant au moment où il le traverse : « Quand je vais être grand comme toi, maman, c'est toi qui vas être mon amoureuse »[5] ou

5 Il importe de réaliser ici que ces affirmations reposent sur le postulat que seul l'enfant va changer physiquement ou avancer en âge ; aux yeux de l'enfant, la maman ou le papa, de son côté, ne va pas vieillir ; il ou elle « va l'attendre », en quelque sorte.

encore « Plus tard, je vais me marier avec toi, papa ». Dans la perspective qui est la nôtre, ici, le drame œdipien est une étape absolument cruciale de la marche de l'enfant vers la maturité affective, j'insiste là-dessus. La résolution de ce drame sous la forme de l'acceptation du renoncement au parent aimé (et aimé à la manière d'un véritable amoureux) constitue la voie incontournable pour accéder à l'équilibre affectif. Cela étant, il me faut préciser quelques-uns des aspects les plus importants de ce mode de fonctionnement œdipien.

Le premier de ces aspects se rapporte au statut que le jeune sujet se donne et qu'il donne aux gens significatifs de son environnement ; on dit communément que l'autre (la mère, le père, les adultes familiers notamment) devient *un objet*[6] total, c'est-à-dire un grand sexué. Il en va de même bien sûr du « moi ». Aux yeux de l'enfant, le monde se divise désormais en hommes et en femmes, en garçons et en filles. Dans ce contexte, apparaît le projet de la conquête amoureuse du parent de sexe différent ; c'est là le deuxième aspect important du mode œdipien. Selon le troisième aspect, ce projet n'est pas entretenu, caressé sans malaise ; au contraire, il se trouve que l'enfant aime toujours intensément le parent avec lequel il se retrouve désormais en rivalité ; c'est précisément pourquoi le petit œdipien (garçon ou fille) se sent en déséquilibre : d'une part, il aime follement le parent dont il est littéralement amoureux et, d'autre part, il reste attaché à l'autre parent, bien qu'il en souhaite la disparition ou l'éloignement. S'ensuit alors le sentiment lourd à porter qu'il trahit cet autre parent, et que pour cela, il s'expose à un châtiment, à une punition, qui tôt ou tard ne manquera pas de venir.

C'est là, je pense, la façon la plus simple de présenter le type d'angoisse qui agite désormais la vie psychique de

6 Ici encore, ce terme est équivalent ici à une *personne* et non pas à celui d'un *objet matériel.*

l'enfant ; il s'agit bien sûr de l'angoisse de castration (qui n'a qu'un rapport bien indirect avec la castration physique, puisqu'elle habite tout autant les filles œdipiennes que les garçons du même niveau). Un autre élément important du mode œdipien est l'apparition de la capacité de réciprocité ; on pourrait également parler de la mise en place de la capacité d'empathie, c'est-à-dire de la capacité de tenir compte de ce qui se passe chez l'autre et d'y répondre adéquatement. Deux autres aspects méritent enfin d'être mentionnés. Tout d'abord, c'est à ce niveau du développement que l'enfant devient capable de culpabilité vraie, de faire preuve d'une sensibilité aux dommages que sa conduite a causés à l'autre. C'est un corollaire de la présence de la capacité d'empathie. Dernier aspect : au terme de cette période, la renonciation relative à la réalisation du projet œdipien s'accompagne normalement d'une intensification du processus d'identification au parent de même sexe. En réalité, ce mouvement identificatoire accru est au carrefour de la présente période et de celle qui lui succède. En termes synthétiques, on peut dire que l'enfant comprend qu'il lui faut devenir quelqu'un comme le parent rival pour, éventuellement, pouvoir séduire quelqu'un de semblable au parent aimé.

4- Période de latence : 5.5 – 6 ans jusqu'à 11-12 ans

J'ai laissé entrevoir ci-dessus que le renoncement à la victoire sur le parent rival pouvait n'être que relatif au terme de la période œdipienne, plus pour les filles que pour les garçons, semble-t-il, mais encore... Il peut en effet resurgir au moment de l'adolescence pour y être normalement liquidé tout à fait. Dans l'intervalle qui s'intercale entre ces deux périodes, le projet œdipien semble abandonné ou mis en veilleuse, d'où le nom de *latence*[7]. Au cours de cette période, l'enfant reporte

7 Le terme *latence* sert à désigner l'état de ce qui n'est pas apparent, de ce qui est caché mais est susceptible d'apparaître, ne l'oublions pas.

ses intérêts sur les pairs (surtout ceux de son sexe) et sur les tâches d'apprentissage. Il s'ouvre à l'importance de s'équiper pour faire partie du monde des grands sexués, hommes ou femmes, selon les attributions généralement reconnues à ceux de son sexe ; c'est ce qui accentue le mouvement identificatoire aux deux parents, surtout à celui de son sexe normalement. Les zones d'expérimentation sont l'école et les activités parascolaires (culturelles ou sportives). Les parents orientent l'enfant dans ses choix en tenant compte de ses habiletés naturelles, ce qui est accepté par celui-ci.

5- Période de l'adolescence : 12-13 ans jusqu'à l'entrée dans la période adulte (18 – 20 ans ou plus)

J'ai déjà évoqué que la résurgence du rêve de conquête du parent de l'autre sexe pouvait survenir à cette période. Il se peut qu'elle échappe au regard des parents, ou qu'elle soit relativement fugace. En tout cas, elle fait partie de ce que l'on constate régulièrement dans le matériel projectif des jeunes du début de l'adolescence. Plus évidente en surface chez le sujet de cette période est l'accentuation de la volonté de se définir, de développer son identité. Il faut insister sur le fait que la pression du groupe de pairs peut influer grandement sur l'intensité de ce mouvement identitaire dans différents secteurs de la vie et ce, dans les limites mêmes du développement normal. Selon le niveau de liberté qu'on lui laisse dans son milieu familial, l'adolescent en vient à afficher son désir de prendre de la distance face à ses parents, par rapport à certaines de leurs valeurs, particulièrement celles qui entrent en conflit avec celles du groupe d'appartenance. Ce désir peut causer de l'insécurité chez les parents, à l'occasion, à tout le moins. L'adolescent en vient à vouloir se mettre à l'épreuve dans différents volets de sa vie (sexualité, emploi, hobbies, activités sociales, rapports sociaux, etc.). Ces préoccupations annoncent sa prise d'autonomie par rapport au milieu familial et préfigurent son entrée prochaine dans le monde adulte.

Dans ce chapitre, nous avons passé en revue les moments marquants du cheminement psychoaffectif qu'accomplit normalement le garçon ou la fille qui se développe bien dans sa marche vers la maturité, en tout cas jusqu'aux portes de sa vie de jeune adulte. Ce cheminement résulte d'un processus de croissance. Pour atteindre ses buts normaux et sa terminaison normale, ce processus doit pouvoir compter sur des conditions favorables, à l'interne comme à l'externe. Dans beaucoup de cas, ces conditions sont présentes et elles jouent convenablement, sinon très bien, leur rôle de support au développement. On dit souvent que les gens heureux n'ont pas d'histoire ; c'est une affirmation quelque peu trompeuse si on cherche à l'appliquer au développement. Elle peut en effet inciter à négliger l'importance des facteurs positifs qui ont émaillé l'histoire du jeune adulte qui s'est bien développé. Oui, les jeunes adultes qui présentent un beau niveau de maturité ont une histoire. C'est, pour la plupart d'entre eux, celle que j'ai présentée dans ce chapitre. Mais beaucoup d'enfants, moins chanceux à telle ou telle étape, ont pu compter ultérieurement sur l'action de facteurs réparateurs, ce qui leur a permis d'accéder à un niveau de maturité comparable à celui des jeunes adultes « historiquement » plus chanceux. Au tout premier rang de ces facteurs réparateurs figure l'intervention psychothérapeutique compétente et éclairée. J'aurai l'occasion, dans les prochains chapitres, de démontrer comment opère ce processus correcteur.

Chapitre deuxième

Des développements problématiques

Dans le cercle des psychanalystes et des psychologues de même orientation impliqués dans la psychothérapie des enfants, on a cru pendant longtemps que la traversée du cheminement résumé au chapitre précédent était le lot de tous les enfants. Me reviennent à l'esprit les échanges animés que j'eus au cours de ma formation à Paris au cœur des années '70 avec une collègue qui avait la chance de travailler avec deux ténors de la psychanalyse d'enfants en France[8]. Forte de la position de ses mentors, cette collègue soutenait que tous les enfants, même ceux qui vivaient dans des orphelinats et manifestaient le syndrome de l'hospitalisme[9], traversaient l'œdipe. J'étais pour ma part d'un avis contraire. Aujourd'hui, la position qui est largement acceptée dans les milieux psychanalytiques est celle à laquelle je me ralliais à l'époque : le point d'arrivée ou de fixation du développement affectif (celui-ci étant balisé de la manière dont je l'ai rappelé au chapitre précédent) est loin d'être le même d'un sujet à un autre : certains enfants voient leur développement se figer au niveau de la période primitive (fusionnelle ou autosensuelle) ; pour d'autres, sans doute plus nombreux, ce développement s'arrête au niveau de l'une ou de l'autre des trois sous-périodes anaclitiques ; d'autres enfants, relativement nombreux également, accéderont au niveau du conflit œdipien et pour beaucoup d'entre eux, ce conflit sera résolu de manière assez complète et satisfaisante pour garantir leur accès à un bon équilibre psychologique.

8 Il s'agit des psychanalystes Serge Lebovici et René Diatkine.

9 Voici la définition que donnait alors de ce syndrome le *Vocabulaire de la psychanalyse* de Laplanche et Pontalis (1967) : « [ ] ensemble des perturbations somatiques et psychiques provoquées sur des enfants (pendant les 18 premiers mois) par un séjour prolongé dans une institution hospitalière où ils sont complètement privés de leur mère » (p.177).

Comment, concrètement, se présente le mode de fonctionnement d'un enfant dont l'élan maturatif s'est en quelque sorte figé à l'une ou l'autre des périodes ou sous-périodes du développement affectif ? Voilà ce sur quoi nous allons maintenant porter notre attention. Je prolongerai cet inventaire en laissant entrevoir de façon succincte comment cet arrêt du développement affectif affecte le passage des années de l'adolescence et comment il colore la vie adulte des sujets concernés.

Difficultés de l'enfant dont le développement s'est figé à la période fusionnelle ou autosensuelle

Des enfants amenés en consultation pédopsychiatrique par des parents inquiets (naturels ou adoptifs) ou par des agents sociaux qui remplissent un rôle de responsabilité auprès d'eux, ceux qui ont vu leur développement se figer au niveau de la période fusionnelle ou autosensuelle constituent la population des sujets les plus en difficulté. Ils poseront au thérapeute un défi vraiment difficile, voire insurmontable dans beaucoup de cas. Comment ces enfants se comportent-ils et qu'est-ce qui est à la source de leurs difficultés ?

Je vais d'abord tenter de répondre à la deuxième question, celle portant sur l'origine. Au cours des trente dernières années, nous avons assisté à un débat assez animé sur le sujet de l'origine de la « psychose » infantile dans chacune des formes essentielles que celle-ci regroupait, c'est-à-dire la psychose et l'autisme : cette psychose est-elle la conséquence d'une anormalité génétique ou est-elle psychogène, c'est-à-dire la conséquence du jeu précoce de facteurs familiaux toxiques ? Ce débat a toujours cours, bien que l'hypothèse psychogénétique se soit considérablement nuancée au fil des années. On admet généralement aujourd'hui qu'il y a nécessité de reconnaître dans bon nombre de cas la présence exclusive de facteurs biologiques dans la genèse de cette condition. Dans beaucoup de cas également, la présence indéniable de facteurs de nature psychologique particulièrement lourds constitue un argument de poids pour garder la crédibilité de l'hypothèse psychogénétique. Entre ces deux positions, il s'en trouve une troisième. Dans un certain nombre de cas, il y aurait une action combinée des deux types de facteurs : des enfants nés avec une condition biologique qui les rendrait particulièrement vulnérables au jeu de facteurs psychoaffectifs moyennement ou légèrement défavorables, jeu que la plupart des enfants non fragilisés par cette condition biologique arriveraient à surmonter sans dommage durable.

Il y a fort à parier que ce débat va durer encore des années, voire des décennies. Quoi qu'il en soit, l'important est de savoir que quels que soient la nature et le poids des facteurs en jeu, les enfants présentant cette condition psychotique se comportent d'une manière typique de l'une ou l'autre des deux formes essentielles suivantes : les *sujets à carapace*, qui correspondent à ce qu'on nomme communément les enfants autistiques, et les *sujets confusionnels*, qui correspondent aux enfants de type schizophrénique[10].

J'ai laissé entrevoir, au premier chapitre, qu'il était important que la conscience de la séparation de la mère se mette en place petit à petit et en son temps dans les six ou sept premiers mois. Chez les sujets de ces deux conditions, cette conscience de la séparation s'est mise en place de

10 Tustin, F. (1992). *Autistic States in Children* ; Londres : Routledge & Kegan Paul ltd (édition française en 2003 : *Les états autistiques chez l'enfant.* Paris ; Éditions du Seuil). Frances Tustin est une psychanalyste qui a longtemps œuvré auprès des enfants de ce niveau de fonctionnement ; elle est l'auteur qui me paraît avoir cerné le mieux possible le drame et la réalité des enfants de ce niveau. La présentation des développements problématiques de la présente période s'inspire largement de ses travaux.

manière brutale et précoce[11] au lieu de s'établir petit à petit et de se réaliser en temps opportun ; l'enfant s'est, de ce fait, senti poussé avec violence dans un monde dangereux contre lequel il devait se défendre et se protéger. Il y a cependant des particularités propres à l'une ou l'autre de ces conditions et cela vaut la peine de s'y attarder un peu.

Le sujet qui a un fonctionnement *à carapace* va tenter d'échapper à l'angoisse de vide entre la mère et lui-même en ayant recours à une coquille protectrice, d'où l'expression à carapace. Au lieu d'alterner des expériences d'autosensualité (impliquant des sensations venant du corps propre) et de sensualité (impliquant des sensations provenant d'autres personnes), ce sujet va verser dans une autosensualité excessive et défensive. Dès lors, il ne s'intéressera pas à l'objet en lui-même mais aux sensations qu'il apporte. Cela donnera lieu à des réactions stéréotypées qui sont l'équivalent d'une sorte d'autohypnose à visée de sécurité et de rassurance. Ces réactions deviennent une manière de vivre, laquelle se sclérose. Le touchable et le manipulable sont les seules choses dignes d'intérêt. Il n'y a pas de capacité d'empathie chez ces enfants. Ceux-ci ne jouent pas; ils ne passent pas par le flux et reflux des états de flottement avec la mère au sein de l'unité qu'ils devraient encore normalement former avec elle ; ils n'arrivent pas à intégrer petit à petit les éléments préparant la prise de conscience de la séparation d'avec elle, comme le font les enfants qui se développent normalement. Ils se replient à l'intérieur du refuge sensuel que constitue leur propre corps ; ils s'isolent ainsi de toute influence extérieure et perdent progressivement le contact avec toute réalité pouvant être partagée avec d'autres humains. Ils s'isolent de

11 On peut faire l'hypothèse que la mise en place de cette conscience de la séparation constitue le récif sur lequel va venir s'échouer le navire fragilisé des sujets présentant une condition biologique déficiente ; ces sujets étaient mal armés pour « contourner » de manière réussie les difficultés rattachées à ce défi.

plus en plus dans un état de claustration dominé par leurs manies et leurs conduites stéréotypées. Chez eux, il n'y a pas de processus normaux de projection (du soi sur l'extérieur) et d'introjection (de l'extérieur vers le soi) qui puissent se mettre en place. Rien ne semble y entrer ni en sortir. Il y a une répression des sentiments avec, ponctuellement en thérapie, expression de sentiments de rage, de terreur, d'angoisse, de désespoir ; ces réactions (crachat, vomissement, reniflement, toux, etc.) prennent la place de la projection.

Le sujet qui a un fonctionnement *confusionnel* verse lui aussi dans l'autosensualité excessive suite à l'expérience traumatique de la séparation ; cependant, au lieu de s'envelopper au sein de sensations générées par son propre corps comme le fait le sujet à carapace, il se berce de l'illusion protectrice d'être enveloppé au sein d'un corps autre que le sien (celui de la mère) ressenti comme étant vaguement vivant. La séparation soi – non-soi étant niée, évitée ou fuie, il s'établit une confusion dans tout rapport avec la réalité externe. Chez le confusionnel, le monde extérieur n'est pas complètement rejeté ; il est plutôt brouillé. Les agressions provenant de ce monde sont diluées de manière à pouvoir devenir supportables. Le confusionnel engouffre le non-soi, l'embrouille, l'attire dans le soi. En attirant le non-soi dans le soi, il en diminue l'étrangeté et le rend ainsi moins dangereux. Il n'y a pas chez lui possibilité de relation véritable avec les personnes qui habitent cette réalité externe. L'enfant de ce type entretient l'illusion d'être rattaché à d'autres personnes et il s'identifie à elles dans le but de diminuer sa conscience de la séparation physique. En contraste avec le sujet à carapace, qui se comporte comme un automate, le sujet confusionnel ressemble à un somnambule, à un enfant qui voit la réalité extérieure comme à travers un voile.

Le traitement des enfants aux prises avec l'une ou l'autre de ces deux conditions est extrêmement ardu et, de toute manière, même quand il est conduit par un thérapeute tout à fait qualifié, il donne souvent des résultats limités en regard du temps qui lui est consacré (plusieurs séances par semaine sur des années). La tendance qui prévaut actuellement est de faire en sorte que le sujet puisse développer des habiletés particulières dans le but de devenir plus « confortable » avec lui-même et avec son environnement. Ce travail d'orientation comportementaliste ne s'attaque cependant pas à la dynamique profonde de ces conditions[12].

Difficultés typiques de l'enfant dont le développement s'est figé au bas niveau de la période anaclitique

Les enfants généralement les plus perturbés qui viennent en cabinet privé sont ceux qui ont connu des conditions externes particulièrement défavorables à une traversée relativement harmonieuse de la première sous-période anaclitique ; il s'agit de celle au cours de laquelle s'élabore la conscience du soi comme formant une entité séparée et séparable de la mère. Comparativement aux sujets en difficulté de la période fusionnelle ou autosensuelle, ces enfants ont un sens du soi plus développé, bien que celui-ci reste fragile, chancelant, à la merci de dérapages et très vulnérable aux défaillances de l'environnement affectif. Ils ont également une meilleure appréhension de la réalité, même si, par moments, par leur comportement ou leurs remarques, ils peuvent créer chez l'observateur attentif (tel le psychothérapeute) une impression d'étrangeté. Ils ont tendance à réagir à leur sentiment d'impuissance en recourant à des fantasmes de toute-puissance qui peuvent laisser l'auditeur pantois.

12 Tustin soutient qu'en intervenant ainsi, on ne fait que remplacer une forme d'autisme par une autre, qui serait beaucoup plus difficile à traiter.

Ces enfants ont connu, par exemple, un milieu familial tout à fait inadapté ; ils peuvent avoir été livrés aux comportements et attitudes d'une mère non disponible affectivement, par exemple, ou d'une mère réellement dépressive incapable de remplir sa fonction maternelle de base d'une manière constante et adaptée ; ou encore, leur mère, toxicomane, a régulièrement connu des « dérapes » au cours desquelles ils ont été laissés livrés à eux-mêmes, dans un réel état d'abandon. Il s'agit là de deux cas de figure, mais il y en a beaucoup d'autres ayant un effet comparable : retenons à leur sujet que la mère s'est avérée incapable de répondre de façon constante à la tâche de satisfaire les besoins fondamentaux de son tout-petit ; retenons qu'elle ne pouvait compter dans son environnement proche sur la présence d'un adulte, surtout celle d'un conjoint mieux adapté, pour pallier son incurie grave dans la prise en charge de son enfant. Dans beaucoup de cas, le conjoint peut avoir contribué de manière plus que sensible (et plus que la mère) à la mésadaptation du milieu familial, par exemple par son comportement violent.

Ces enfants apparaissent, aussi bien dans le quotidien qu'en thérapie, comme des êtres dont le sens du soi n'est pas suffisamment élaboré pour leur âge ; cet aspect d'eux-mêmes est si fragile, si peu établi, qu'ils donnent l'impression de vivre dans un environnement hostile, dans lequel leur intégrité est régulièrement menacée. Ils manifestent en somme une mentalité d'assiégés, c'est-à-dire la mentalité de quelqu'un qui ne se sent pas protégé, qui doit se battre à tout moment pour sauver sa peau, qui a une forte tendance à voir comme un ennemi potentiel l'autrui non familier. Leur instinct de violence fondamentale est facilement mobilisé parce qu'il s'agit là d'un mécanisme visant à assurer leur survie.

Heureusement, il y a possibilité de récupération pour ces enfants, surtout quand la mère et son milieu (ou le milieu nourricier) acceptent d'être aidés. Leurs possibilités d'évolution et de récupération, notamment, les distinguent des enfants à carapace et des enfants confusionnels. Il y a possibilité de récupération mais il y a urgence, car chaque mois perdu (après la date approximative normalement attendue pour la sortie de cette étape) nous place en tant que thérapeute devant une tâche toujours plus lourde et à l'issue toujours plus incertaine. Placés en situation d'expérimenter régulièrement *une maman suffisamment bonne*, à la maison et/ou à la garderie, ces enfants peuvent donc se transformer assez rapidement et voir leur développement se mettre sur la bonne voie, surtout s'ils ont moins de trois ou quatre ans. Mais les choses deviennent plus compliquées quand ils atteignent l'âge de la fréquentation scolaire sans avoir été aidés efficacement, et plus compliquées encore au fur et à mesure qu'ils s'approchent de l'âge de l'adolescence normale ou s'y installent.

Difficultés typiques de l'enfant dont le développement affectif s'est figé au niveau médian de la période anaclitique

Les enfants au fonctionnement anaclitique de moyen niveau qui en sont restés à ce niveau de fonctionnement nettement au-delà de la période où ce mode est normalement en vigueur ont connu des conditions de développement plus favorables que ceux de bas niveau. Ces petits ont en effet vécu un bon départ au cours des douze ou quinze premiers mois, en tout cas un départ suffisamment bon pour avoir un sens de soi assez solide, pour ne pas voir partout et rapidement des conditions d'attaque ou de désintégration possible (de leur soi), conditions contre lesquelles il leur faudrait se prémunir. Ces enfants ont également une mentalité de dépendant, de petit qu'on doit aimer exclusivement ou plus que les autres, qu'on doit aider, supporter, protéger, etc. Après ce départ suffisamment bon, il est arrivé quelque chose qui a été vécu par eux comme une catastrophe, comme un traumatisme : la maman a sombré dans la dépression, ou encore elle a été rendue indisponible pour une raison ou une autre ; elle a dû s'absenter du milieu de l'enfant pour une durée assez longue, plus longtemps que celui-ci ne pouvait le supporter (à moins que ce ne soit lui qui ait été mis à distance de la mère). La condition la plus courante est la naissance d'un frère ou d'une sœur plus jeune, naissance qui a rendu la mère nettement moins disponible (surtout si le papa n'a pas su, par une implication plus grande, compenser cette perte pour l'enfant). Il se peut aussi que l'arrivée d'un nouveau copain ou conjoint dans la vie de la mère ait été vécue sous ce même signe : l'enfant a d'emblée perçu ce nouveau copain comme un intrus qui lui volait sa maman. Il se peut également que, dans le contexte d'une relation plus établie, l'enfant ait été exposé à des conditions abusives (sexuellement, par exemple, ou physiquement). Le sentiment d'avoir perdu quelque chose d'important peut aussi avoir été provoqué par le départ du papa de la maison, surtout si celui-ci était très impliqué dans un rôle maternel secondaire, encore plus s'il avait été promu par l'enfant au rôle de « figure maternelle principale » en vertu même de cette implication.

Ces enfants présentent, à la maison comme à la garderie, des comportements exprimant leur protestation ou un appel à l'aide. Ces conduites n'ont pas toujours une allure violente, quoique ce style soit très fréquemment utilisé. Il peut arriver que cette violence soit contenue, masquée, indirecte, particulièrement quand l'enfant ressent la peur, en se montrant désagréable, de perdre encore davantage l'attention et l'affection des parents. Des comportements violents apparaissent plus facilement à la garderie, dans les relations avec les pairs, ceux-ci étant vécus comme des rivaux qui empêchent la possession exclusive de la mère de remplacement, l'éducatrice.

Comme on peut l'entrevoir facilement, les enfants en difficulté de ce niveau sentent intérieurement qu'ils ont perdu ou risquent de perdre quelque chose d'essentiel : l'attention exclusive ou privilégiée de la figure maternelle. Si la perte a été consommée, ils demandent réparation aux figures (maternelles) susceptibles de la combler et ils écartent violemment ceux de leurs pairs qui se mettent en travers de leur chemin. De toute manière, les occasions abondent, à la maison comme à la garderie, pour faire payer la facture de la perte que le frangin ou la frangine leur a fait subir. Si la perte est crainte ou perçue comme imminente, la stratégie mise en place est essentiellement la même (écarter les rivaux), sauf qu'il s'agit ici plus d'être rassuré que d'assouvir sa vengeance.

Il importe d'évoquer dans le présent contexte le cas de certains enfants dits retraitistes. Ces enfants sont assez souvent, mais pas toujours, des anaclitiques résignés à leur sort. Au lieu de protester ouvertement et de réclamer violemment ce qu'ils estiment être leur dû affectif, ils sont des protestataires silencieux qui espèrent attirer l'attention en ne faisant rien et en ne jouant pas avec ou comme les autres. Dès qu'on arrive, en thérapie, à les sortir de leur position de retraite, ils se mettent à manifester dans leurs scénarios de jeu les mêmes pensées et sentiments violents que leurs pairs ouvertement violents. On peut poser la question : qu'est-ce qui explique que des enfants choisissent cette modalité d'attitude plutôt que la violence manifeste ? Il existe certainement des facteurs familiaux qui peuvent être invoqués pour expliquer cet état de fait : par exemple, il y a, dans tel milieu familial, une très forte répression des pensées et des comportements violents par la mère ; dans telle autre famille, sont en cause les caractéristiques physiques imposantes du père ou son tempérament très autoritaire, voire même violent ; dans telle autre, la mère fera facilement montre de violence verbale, peut-être même physique.

L'anxiété manifestée par les enfants de ce niveau anaclitique en est une de perte d'objet ou d'abandon, essentiellement. Ce type d'anxiété se relie à leur grand besoin d'être rassurés quant à l'affection qu'on leur porte et, également, quant à la fragilité du sentiment qu'ils ont d'être aimés et de compter vraiment pour la figure maternelle. Beaucoup de ces enfants feront appel à l'agir (hyperactivité) pour tenter inconsciemment de calmer leur anxiété ou de la faire disparaître, ainsi que pour mobiliser la mère ou l'adulte significatif. On comprendra facilement que ces sujets sont enclins à agir en fonction d'une satisfaction immédiate de leur désir, toute situation frustrante soulevant soit le désir d'être comblés ou rassurés affectivement, soit la recherche d'une compensation susceptible de pallier la non-réalisation de cette rassurance. On peut très bien qualifier les sujets à fonctionnement anaclitique médian de revendicateurs affectifs, parce que cette expression décrit de manière tout à fait adéquate la nature spécifique de leur mode d'être.

Difficultés typiques de l'enfant dont le développement affectif s'est figé au haut niveau (phallique) de la période anaclitique

Si nous montons une nouvelle fois d'un échelon, nous retrouvons les enfants en difficulté qui ont un niveau de développement un peu plus élevé que les précédents, ceux que nous appelons les phalliques. Comme je l'ai précisé antérieurement, on pourra facilement entrevoir que ce niveau de fonctionnement et les difficultés qu'un enfant peut y vivre ne concernent pas seulement les petits garçons, mais également et tout autant les petites filles.

Il se trouve que bon nombre d'enfants ne connaissent pas, lors de cette période, des conditions minimalement bonnes de développement. L'enfant qui est entré en difficulté à cette étape a ceci de caractéristique qu'il lutte désespérément pour être reconnu comme un grand, comme un bon, comme un fort, comme tout autre qu'un petit ou qu'un faible (un perdant, un « poche »). Ce désir de *reconnaissance phallique* ne s'exprime pas seulement à l'endroit des gens de l'ambiance (familiale ou autre) mais également à l'intérieur du sujet lui-même. L'opinion des phalliques quant à leurs habiletés ou leurs capacités est vacillante, chancelante : ils croient par moments qu'ils vont arriver à être bons, grands, capables, efficaces, et à d'autres moments, ils ont du mal à le croire ; ils peuvent même en douter douloureusement. Ils ont alors le sentiment de ne pas valoir grand-chose et cela leur est vraiment inconfortable. Pour contrer ce malaise, ils vont essayer de se rassurer en cherchant à dominer les autres, surtout les pairs, mais aussi les adultes ; ils vont chercher à s'imposer à eux, physiquement (pour les violents) ou autrement (en se vantant, en se disant meilleurs que les autres, en dépréciant ceux-ci, etc.). On pourrait presque caractériser leur conduite comme révélant une violence psychologique, mais il ne faut pas oublier que dans leur cas, cette recherche de domination est mentalisée, verbalisée, ce qui est déjà mieux que chez ceux qui s'expriment physiquement.

Dans le cas de ces enfants (violents manifestes ou non), l'autre n'est plus un rival à écarter parce qu'il empêcherait la possession exclusive de la mère, comme c'était le cas des anaclitiques d'un niveau plus bas ; l'autre est bien plutôt un *faire-valoir*, un *instrument* à utiliser pour établir ou promouvoir une *vision (excessivement) favorable de soi* (celle d'être un grand, un fort, un bon, etc.) à ses yeux comme aux yeux des autres autour de soi. Au niveau de l'anxiété, cependant, pour continuer dans la comparaison, le phallique lutte comme les autres anaclitiques avec la peur qu'on le laisse tomber, qu'on ne s'intéresse plus à lui, qu'on ne l'aime plus, qu'on ne le considère plus autant qu'il voudrait l'être. Voilà le danger contre lequel il lui faut se prémunir.

En séance psychothérapeutique, l'enfant en difficulté de ce niveau recherche les jeux de compétition et il manifeste rapidement son désir de gagner à tout prix et, si possible, en l'emportant haut la main, même en trichant ou en adaptant les règles à son avantage. S'il accepte de jouer avec le thérapeute un scénario de son cru, il occupera un rôle dans lequel il dominera sans vergogne ; il sera, par exemple, l'adulte *qui sait faire* et *qui peut montrer*, alors que le ou la thérapeute sera le petit, l'inférieur qui ne sait pas ou qui doit apprendre. Si l'engagement prend une tournure physique (ce qui arrive plus souvent avec les garçons en dépit des consignes), l'enfant va chercher à dominer physiquement le thérapeute.

La question suivante se pose dès lors : comment se fait-il que le développement affectif de l'enfant puisse s'enrayer au niveau phallique ? Les conditions sont assez faciles à résumer : de façon persistante, le milieu familial a renvoyé à cet enfant l'image qu'il était un incapable, un petit, un *pas-bon*, un moins bon que les autres, quelqu'un qui est toujours à côté de ce qu'il doit être ou faire. Il se peut aussi que ce message ait été convoyé de manière indirecte : par exemple, le père et la mère *ont toujours trop fait à la place de* l'enfant, reflétant du même coup à celui-ci qu'il était un incapable, un petit, un faible et qu'il devait rester dépendant d'eux sur tous les plans. Cette image de soi a été intériorisée et c'est pour la combattre que l'enfant court inlassablement après les occasions de montrer qu'il peut être bon, fort, habile, meilleur qu'on ne le pense.

Heureusement, il peut être relativement aisé de sortir de son pétrin le sujet phallique en difficulté. La psychothérapie est incontournable, cela va de soi. Mais elle doit nécessairement s'accompagner ici encore d'une remise en cause et d'un réalignement des attitudes parentales. À défaut de ces conditions, le sujet narcissique phallique va voir sa « condition » se chroniciser, si lourde à porter qu'elle soit pour lui-même. Pire encore, il sera un facteur de souffrance pour les gens qui auront à interagir régulièrement avec lui.

Une fois que l'enfant a réussi à accéder à un niveau suffisant de reconnaissance phallique grâce au jeu de ces facteurs externes (psychothérapie et réalignement des attitudes parentales ou éducatives), il se met à changer à un rythme assez rapide dans sa manière d'interagir avec les pairs et avec les adultes de son environnement. Il devient à ses propres yeux un grand ou une grande qui sait faire les choses et qui tire sa fierté de se comporter comme un grand ou une grande. Nous disons dans le jargon du métier que son narcissisme (la considération pour le soi et l'amour du soi) devient silencieux. L'enfant ne court plus après les occasions de montrer qu'il est fort, qu'il est meilleur que les autres ou que ce que l'on pense. Il est maintenant convaincu qu'on le voit comme un grand, et il se voit lui-même comme un grand, comme capable de faire des choses et comme en voie de pouvoir participer au monde des grands.

Difficultés typiques de l'enfant dont le développement s'est figé au niveau œdipien

Pour le clinicien qui reçoit un enfant en thérapie, le constat que celui-ci présente un fonctionnement œdipien est une vraie bonne nouvelle. Il laisse voir qu'il n'y a pas de déficit important dans le développement affectif de cet enfant, que celui-ci a pu accéder au mode de fonctionnement affectif qui, normalement, est attendu chez un enfant de son âge. Est-ce à dire que les difficultés de ce sujet sont relativement superficielles et qu'elles pourront être surmontées rapidement ? Il faut se garder de le penser. L'enfant de ce niveau rencontre des difficultés dans l'un ou l'autre de ses milieux, à la maison, à la garderie ou à l'école, dans la réalisation de ses tâches d'apprentissage (compte tenu de son potentiel), dans ses rapports avec les pairs ou avec les adultes. L'élan maturatif est manifestement en panne chez lui, et sa relance suppose qu'on détermine ce qui peut être à la source de ses difficultés. Très généralement, pour ne pas dire tout le temps, c'est à la maison, plus précisément au niveau des rapports avec les parents, que se trouve la source des problèmes.

J'ai laissé entrevoir au chapitre premier que l'enjeu de cette période, dans laquelle l'enfant entre normalement autour de ses trois ans, est le renoncement à la victoire sur le parent rival pour la possession du parent aimé et aimé de façon vraiment « amoureuse ». Ce refus de renoncer à la victoire œdipienne entraînera des conséquences pour la suite du développement affectif de l'enfant et également pour celle de son développement intellectuel (dans sa progression scolaire notamment). Pour simplifier un peu mais pas trop, je dirais que deux ou trois conditions problématiques reviennent le plus souvent : la figure parentale qui se trouve être la cible de l'amour œdipien (la mère pour le garçon et le père pour la fille) maintient plus ou moins consciemment une attitude de séduction à l'endroit de son enfant et lui laisse entrevoir par moments qu'il a des chances d'accéder au rang d'équivalent de conjoint, au rang de meilleur copain (ou de meilleure copine pour le père) ou même d'amoureux du parent aimé. L'enfant comprend qu'il a raison d'espérer pouvoir éventuellement supplanter le parent du même sexe.

Comment cela se produit-il concrètement ? Par exemple, la maman ne met pas de frontières dans l'accès à son intimité qu'elle permet à l'enfant : elle prend son bain avec lui, le reçoit dans son lit, se dévêt devant lui sans aucune pudeur, l'embrasse passionnément, etc. S'ajoute à cela l'usage de dénominations qui, pour un enfant plus jeune seraient banales, et peut-être sans importance, pour certaines d'entre elles à tout le moins, mais qui viennent ici renforcer chez l'enfant l'idée qu'il va être l'élu : *mon trésor, mon chaton, mon chéri, mon amour, l'homme de ma vie,* etc. Mais en même temps qu'elle donne ces signes qui entretiennent, voire attisent le feu œdipien, la figure parentale séductrice donne immanquablement à d'autres moments des signes qui vont dans le sens contraire ; ces signes laissent croire à l'enfant que ce qu'elle lui a laissé entrevoir, que ce qu'il désire et recherche ardemment ne se fera pas, en tout cas pas aussi vite ou pas aussi complètement que prévu. L'enfant est pris dans ce jeu de balancier où la figure parentale séductrice pratique sans s'en rendre compte la stratégie du chaud et du froid. Il arrive ce que nous constatons très souvent : l'enfant rage, ouvertement ou non. S'il est un garçon, il tape la mère, il lui donne des ordres, il se prend pour l'homme de la maison ; il cherche à la fois à convaincre lui-même et la figure maternelle (à la maison comme à l'école ou à la garderie) qu'il peut être l'équivalent d'un « papa » et d'un « mari potentiel » ; c'est pourquoi il domine ou discipline les plus petits, ou adopte une attitude défiante, voire agressive, à l'endroit de la maman ou de l'éducatrice parce qu'il estime qu'elle le traite comme un petit, etc. Généralement, la petite œdipienne en difficulté fait preuve de davantage de subtilité. Mais les sentiments sont chez elle tout aussi intenses que chez le garçon. Elle peut manifester des attitudes de forte opposition vis-à-vis de sa mère ; elle peut sauter sur toutes les occasions possibles pour tenter de lui démontrer sa supériorité sur elle, pour lui témoigner son mépris, pour lui indiquer ses failles, etc. Elle peut fort bien aller jusqu'à déclarer à sa mère qu'elle-même ne peut plus sentir son papa, que père et mère doivent se séparer, masquant fort bien son désir secret d'aller vivre seule avec son père une fois la séparation réalisée. Voilà en gros ce qu'il en est de la première condition qui concerne la position et les attitudes de la figure parentale séductrice.

La deuxième condition concerne l'attitude de la figure rivale. Au lieu de prendre avec humour et patience le défi que lui lance l'enfant, cette figure adopte la stratégie de l'infériorisation, de l'intimidation, de l'autoritarisme. Il prend le conflit avec beaucoup de sérieux, beaucoup trop de sérieux, et il se donne comme stratégie de ramener l'enfant rival à la raison. Il peut aller jusqu'à contrôler l'accès de l'enfant à la figure convoitée. Son attitude sème la colère chez l'enfant, ici également, et l'envie de vengeance. Il faut voir en effet tout ce que les enfants œdipiens rageurs font subir symboliquement à leur rival en thérapie : celui-ci est *passé à tabac* de toutes les façons possibles. À la garderie, dans leurs relations avec les pairs, ces enfants font souvent preuve de peu de patience ; ils y sont facilement ulcérés, comme c'est aussi souvent le cas à la maison avec le frère ou la sœur. Très fréquemment, ils se vengent de la figure rivale en faisant payer la facture aux membres de la fratrie, aux pairs ou à l'éducateur du même sexe que le leur.

Il peut arriver que les deux conditions soient jumelées, celle de séduction par le parent de sexe différent et celle d'infériorisation et d'intimidation par la figure rivale, ce qui complique encore plus la situation de l'enfant et accentue sa réaction. Il s'agit là d'un troisième cas de figure. C'est une problématique qui est moins fréquente, ce me semble, mais elle survient néanmoins.

J'ai discouru jusqu'ici en faisant référence essentiellement à la structure familiale conventionnelle ; le père et la mère formant un couple uni, à tout le moins non dissocié. Il ne faut pas oublier que toutes sortes de conditions familiales viennent peser parfois de tout leur poids dans le tableau clinique : les parents se séparent alors que l'enfant est en pleine tourmente œdipienne. On imagine dès lors l'impact de cette situation : l'enfant pense : « Ils se sont séparés parce que je l'ai tellement désiré ; c'est ma faute ». Ou encore, de la part d'un petit garçon de 4 ans et demi : « Papa est parti ; je vais avoir maman... ». Voire même, de la part d'une petite œdipienne de 5 ans : « Maman est méchante, elle me prive de mon papa adoré ». Autre conjoncture très fréquente : les parents refont leur vie avec d'autres conjoints : il n'est pas difficile d'imaginer l'attitude renfrognée du petit garçon œdipien devant cet intrus qu'est à ses yeux le « chum » de maman, ou celle de la petite fille du même niveau, devant la « blonde » de papa.

Le psychothérapeute compétent sait dans quelle direction les parents doivent aller pour que le développement puisse reprendre son cours normal et pour faciliter la tâche à l'enfant dans son renoncement nécessaire à la victoire œdipienne. En même temps que s'opère ce réalignement des façons de faire et des attitudes parentales, l'enfant s'attache très intensément à son thérapeute, si celui-ci est d'un sexe différent du sien. Si le thérapeute et l'enfant sont du même sexe, on assiste assez souvent, dans l'espace fourni par la thérapie, au déplacement du volet de rivalité du conflit œdipien[13]. L'une et l'autre condition permettent chacune à leur manière à la situation d'évoluer et à la problématique de se lever. Mais, j'insiste là-dessus, c'est un passage délicat qui se dresse alors devant

13 Voir Bossé, M., Bissonnette, P. et Boutet, M.-C. (2008). *Le sexe du psychothérapeute et son influence en pratique infantile.* Montréal ; Groupéditions.

l'enfant et il est très important pour lui de pouvoir compter sur le savoir-faire et la lucidité de son thérapeute. La tâche est également délicate pour ce dernier : il doit notamment résister à la tentation de la séduction, s'il est d'un sexe différent de celui de l'enfant, ou à celle de l'autoritarisme ou du dirigisme, s'il est du même sexe que celui-ci. Ce sont là des exemples rapides qui me viennent des écueils à éviter éventuellement.

Difficultés présentes chez l'enfant à l'âge correspondant normalement à celui de la période de latence

Il serait bien osé de ma part d'affirmer que les enfants qui entrent dans la période de latence, après avoir connu jusque-là un développement relativement banal, ne sont pas susceptibles de rencontrer des difficultés suffisamment sérieuses dans leurs différents milieux de vie pour justifier une demande d'aide. Il arrive à l'occasion, en effet, que des enfants qui s'étaient préalablement installés dans le mode œdipien soient amenés pour évaluation chez le clinicien. On découvre généralement assez rapidement que les difficultés qu'ils rencontrent ne proviennent pas d'un fonctionnement affectif qui serait déficitaire ou figé à un niveau antérieur du développement. Il se trouve que le plus souvent, ces sujets doivent négocier avec des difficultés sociales ou familiales dépassant leur capacité d'adaptation, qui était pourtant jusque-là d'un bon niveau. Par exemple, ces enfants vivent ou ont vécu après leur sortie du conflit œdipien une expérience traumatique qui a remis ou qui remet en cause l'équilibre qui était le leur jusque-là. Je pense ici notamment aux enfants de cet âge victimes d'une expérience d'abus sexuel. Pas de doute possible, ces enfants ont besoin d'une psychothérapie et souvent sur une bonne période de temps, parce qu'en conséquence de l'expérience abusive, ils peuvent avoir régressé à un mode antérieur de fonctionnement affectif. L'expérience traumatique peut être de moindre gravité que celle de l'abus sexuel. L'exemple qui me vient est celui d'un garçon présentant un niveau élevé d'anxiété après avoir été victime de harcèlement ou de « taxage » dans son milieu scolaire, ou encore cet autre qui doit continuellement être sur ses gardes ou se défendre dans un environnement où des pairs asociaux font la loi. Il peut également arriver qu'un enfant de cet âge qui s'est bien développé au niveau affectif soit pris en grippe par un enseignant, pour une raison qu'on n'arrive pas à cerner (il y a quelquefois des adultes qui ont de sérieux problèmes et qui les manifestent dans leur interaction avec des enfants pourtant bien portants). Normalement, le psychothérapeute d'expérience qui sait cerner le mode de fonctionnement affectif de l'enfant peut rapidement saisir dans ces dernières situations problématiques la part qui est celle de l'enfant et celle qui doit être attribuée à son environnement social. Le plus souvent, dans ces cas-là, l'intervention n'a pas besoin d'être longue et la solution n'implique pas une démarche du même ordre que celle que j'ai évoquée dans les pages précédentes, c'est-à-dire celle visant la remise en route d'un développement affectif qui se serait figé à l'une ou l'autre des périodes ou sous-périodes du cheminement maturatif.

Cela étant, je dois insister sur le fait que bon nombre des enfants de 6 à 11-12 ans qui viennent en consultation présentent une problématique qui découle d'une fixation de leur développement à l'une des étapes antérieures ; ceux-là présentent donc un déficit plus ou moins prononcé dans leur développement affectif, déficit qu'une psychothérapie bien conduite va leur permettre de surmonter, avec, bien sûr, une implication suffisante de la part des parents. D'autres, en fait le plus grand nombre des enfants qui nous sont amenés en cabinet privé, ne parviennent pas à se résigner à la défaite œdipienne ; ils continuent de penser et d'agir comme si la victoire était à leur portée. Ici encore, c'est avec l'aide d'un psychothérapeute compétent qu'ils vont pouvoir franchir cette étape, à condition que les parents acceptent de revoir leur façon d'être et de se comporter avec leur enfant. À vrai dire, les sujets de ces deux niveaux de problématique ne sont pas véritablement entrés dans la période de latence, celle-ci étant définie comme je l'ai fait au chapitre précédent : ils ont l'âge où normalement on y est, mais leur monde intérieur et leur champ de préoccupations n'est pas celui des enfants qui se développent bien à cette période. Même chez les sujets qui se maintiennent dans le conflit œdipien, il y a présence d'indices qui laissent voir que les choses ne se passent pas particulièrement bien, que ce soit au niveau de la performance scolaire (ils peuvent ne pas réussir réellement à exploiter leur potentiel intellectuel ou pire encore, ils peuvent s'interdire de réussir), dans les activités parascolaires (dans les sports, par exemple), dans leurs relations avec les pairs, etc. Le conflit œdipien mobilise encore chez eux une quantité énorme d'énergie, laquelle n'est pas disponible pour la réalisation des tâches propres à cet âge.

La manière dont le niveau de développement affectif atteint avant l'âge de 11-12 ans colore la période correspondant normalement à l'adolescence et... celle de la vie adulte

Compte tenu de la nature spécifique de cet ouvrage, il n'est pas pertinent ici d'entrer dans la revue des diverses problématiques qui se posent durant les années correspondant à l'adolescence normale, encore moins celles qui surgissent dans la vie adulte. Il va me suffire d'évoquer quelques éléments dans le but de montrer l'impact à ces deux périodes d'un problème important de maturation qui n'a pas été résolu ou dépassé antérieurement.

On fait souvent référence à l'adolescence comme étant une période à « haut risque ». Un grand nombre de parents peuvent témoigner du fait qu'ils ont trouvé vraiment déconcertant(e) par moments leur fils ou leur fille de cet âge, qui s'était pourtant fort bien développé(e) jusque-là. À n'en pas douter, cette période en est une de « mise à l'épreuve » pour la solidité de l'organisation psychique. Il se trouve que pour les jeunes qui y arrivent sans avoir eu la chance de remédier aux problèmes développementaux décrits dans les pages précédentes, la traversée de cette étape risque d'être fort difficile. Elle risque d'être une « mise à l'épreuve » non seulement pour eux, mais aussi pour leurs parents... Pour les sujets toujours aux prises avec un problème de dépendance (les anaclitiques), par exemple, la quête affective peut très bien se transposer sur la scène des rapports sociaux avec des compagnons qui sont eux-mêmes en grande difficulté ; pour contrer les tendances dépressives qui les habitent en profondeur, ces sujets seront particulièrement vulnérables aux sollicitations négatives du milieu environnant : consommation ou trafic de drogues, conduites téméraires ou dangereuses (en automobile, par exemple), décrochage scolaire, délinquance, prostitution, vagabondage, clochardisation, etc. Pour les sujets à l'œdipe non vraiment résolu, l'incapacité de faire justice à leur potentiel (très souvent remarquable), l'interdiction de réussir, leur incapacité d'intégrer un groupe de pairs bien socialisés, l'incapacité de s'investir dans un projet de vie réaliste et dans des moyens pour le réaliser, les conduiront par exemple à une série de décrochages et de tentatives infructueuses de raccrochage, à une implication dans de petits boulots sans avenir pour eux, tout cela laissant chez les adultes responsables, témoins de leur piétinement, l'impression d'un gâchis, d'un gaspillage de talent bien pathétique.

L'avenir est-il bloqué à tout jamais pour ces sujets au plan de la maturation affective ? Non, il y a encore de belles possibilités d'évolution pour ceux qui ont maintenu leur mode de fonctionnement œdipien ou qui n'ont pu l'acquérir tout à fait mais qui sont venus bien près de le faire. Mais pour les anaclitiques, il se fait tard et dans leur cas, le processus de changement risque de devenir rapidement complexe et au résultat incertain. La structure de leur personnalité est en voie de perdre la souplesse qui l'a caractérisée jusque-là, de moins en moins cependant au fur et à mesure qu'ils s'approchaient ou s'engageaient dans l'adolescence. Pour les sujets qui en sont restés au bas niveau du mode anaclitique, et même pour certains de ceux cantonnés au niveau médian du même mode, il est fort courant qu'à cette période carrefour de la vie, l'espoir d'un investissement réparateur s'effondre tout à fait et que la psychose s'installe.

Et quel sera le destin de ces sujets au développement inachevé quand ils seront parvenus à l'âge adulte ? Il y a fort à parier que la nécessité d'une thérapie sera toujours là pour la très grande majorité d'entre eux, bien que seulement une minorité s'engagera dans cette direction éventuellement. Le plus désolant, c'est que cette thérapie devra être incomparablement plus longue, plus coûteuse et certainement moins efficace qu'elle ne l'aurait été si elle avait été menée durant les années d'enfance. Grâce à cette démarche, les sujets anaclitiques pourront espérer au mieux consolider leurs moyens pour contrer leurs tendances dépressives, aspect si caractéristique de leur vie psychique ; cependant, ils ne pourront, sauf exception[14], accéder à un fonctionnement affectif de niveau supérieur et ce, même dans les meilleures conditions de thérapie. Le plus grand nombre d'entre eux avanceront dans la vie adulte avec leur grande vulnérabilité, à la merci d'un coup dur dépassant leur capacité d'encaissement relativement faible : échec sentimental, perte d'emploi, décès d'un parent proche, difficultés d'adaptation

14 Je pense à ceux qui, après avoir « mis un pied » dans la conflit œdipien, se sont repliés en zone anaclitique et s'y sont maintenus, suite au jeu de facteurs qui peuvent varier d'un sujet à l'autre.

à un milieu de travail, etc. De leur groupe, les narcissiques phalliques seront de façon générale les moins enclins à se faire aider, parce qu'ils vivraient une telle démarche comme un aveu de faiblesse ; ils viendront en thérapie uniquement s'ils y voient un avantage concret, ou encore s'ils traversent un épisode dépressif marqué. Dans ce dernier cas, ils mettront fin au processus dès que leur lutte contre la dépression aura retrouvé son efficacité relative. Dès lors, comme leurs pairs du même niveau, ils continueront de tenter de renflouer ou de solidifier leur vacillante estime de soi (et leur fluctuant amour d'eux-mêmes) en méprisant ou en infériorisant bon nombre de leurs pairs ou de leurs subalternes ; cette manière d'être avec les autres les rendra particulièrement insupportables aux gens qui interagiront avec eux, dans leur famille ou au travail[15]. Les œdipiens au conflit non résolu devraient en principe avoir plus de chance de parvenir à surmonter leur maturation incomplète ; ce sera le cas s'ils peuvent compter sur un psychothérapeute vraiment compétent et capable de prendre en considération la signification profonde de leurs difficultés, comme l'aurait fait plus tôt dans leur cas (idéalement dans leur enfance) un thérapeute capable d'œuvrer sur ce terrain inconscient.

La prise de conscience du fait qu'une personne peut traîner toute sa vie les conséquences d'un développement affectif insuffisamment complet au niveau de l'enfance peut être un incitatif puissant pour motiver les parents à amener aussi tôt que possible chez un psychothérapeute un enfant qui, manifestement, ne se développe pas bien. Beaucoup d'enfants

15 Il faut noter que les sujets narcissiques phalliques devenus adultes continuent d'utiliser l'autre comme un faire-valoir pour la promotion d'une vision idéalisée du soi. Ils cherchent en fait à l'utiliser comme un « miroir embellissant » de façon à ce qu'il puisse conforter, renflouer l'image de soi vacillante. Si cette autre personne ne retourne pas l'image grandiose de soi recherchée ou, pire encore, si elle refuse de le faire, elle sera alors impitoyablement attaquée dans sa propre vision d'elle-même, dans son estime de soi, elle sera dévalorisée, infériorisée et, si elle vit ou travaille avec ce sujet narcissique, elle sera harcelée psychologiquement ou « moralement ».

profitent de cette chance d'avoir été amenés suffisamment tôt pour que les enjeux propres de la période de latence puissent être atteints, c'est-à-dire sans que le cheminement scolaire ou de socialisation ne soit mis en difficulté. Beaucoup d'autres enfants n'auront pas eu autant de bonheur : dans ces cas, les parents auront négligé le rôle de protecteurs ou d'agents du développement qu'ils devaient jouer à leur endroit. Par scepticisme ou par « fierté » mal placée, ils auront attendu que la protestation ou l'appel à l'aide de l'enfant ait pris une dimension telle qu'ils n'avaient plus le choix de l'entendre. D'autres parents auront misé sur une forme d'intervention qui, braquée sur le symptôme embarrassant et uniquement préoccupée de le faire disparaître, manquait l'essentiel du message qu'il avait pour mission de véhiculer. Je pense notamment ici aussi bien à ces recours à une solution médicamenteuse qu'à ces opérations menées par les praticiens du « coaching parental », qui ne tiennent pas compte de la réalité psychique de l'enfant en difficulté. Dans ces cas, comme dans ceux évoqués précédemment, le constat qui s'impose au psychothérapeute compétent ne peut être que navrant : que de temps, d'énergie et... d'argent gaspillés !

Chapitre troisième

L'évaluation du niveau de fonctionnement affectif grâce au jeu de l'enfant

Le développement affectif correspond manifestement à la traversée de périodes facilement identifiables ; c'est ce que nous avons pu exposer dans le premier chapitre. Comme il arrive dans tout développement, ce processus de croissance connaît des ratés ; les conditions qui devraient entourer et garantir sa marche en avant ne sont malheureusement pas toujours optimales, ni même minimalement présentes. Cette absence de conditions au minimum favorables (internes ou externes) est à la source des déficits de développement ou des fixations constatés dans le cas des enfants qui ne vont pas bien sur le plan psychique. C'est ce que je me suis employé à démontrer ou à rappeler au deuxième chapitre. La question que les parents doivent normalement se poser à ce moment-ci de notre démarche est la suivante : comment le clinicien arrive-t-il, souvent dès la première séance de jeu[16], à établir où en est l'enfant dans son développement ? C'est à cette question que je vais consacrer l'essentiel de ce troisième chapitre. Je vais également aborder un certain nombre de sujets liés de très près à cette question du diagnostic ou de l'évaluation, dont l'utilité de ce repérage pour l'orientation du travail autant auprès de l'enfant qu'auprès des parents, le sens profond du symptôme et les pièges d'une lecture superficielle de cet appel lancé par l'enfant.

Jeu de l'enfant = langage de l'enfant

Le psychothérapeute qui reçoit un enfant pour une évaluation ou pour une thérapie doit partir de ce fait tout simple

16 Un clinicien d'expérience peut souvent se faire une bonne idée du mode de fonctionnement affectif de l'enfant dès la rencontre d'accueil (de la demande) avec les parents. Mais il est toujours prudent d'attendre d'avoir vu l'enfant deux ou trois fois pour confirmer son ou ses hypothèses.

que le garçon ou la fille qu'on lui amène n'exprimera pas son « mal de vivre » ou son malaise intérieur à la manière des adultes. Il doit prendre pour acquis que l'enfant ne va pas s'asseoir sur un fauteuil devant lui et se mettre à raconter ce qui ne va pas dans sa vie. Si, par manque de savoir-faire, il entreprenait de le questionner sur les motivations qui auraient pu se profiler derrière tel ou tel comportement inapproprié, il ne recevrait le plus souvent pour toute réponse qu'un haussement d'épaules ou un « J'sais pas », tout cela exprimé avec l'air suppliant de ne pas insister et de passer à autre chose. Avec l'expérience, le psychothérapeute a appris qu'il doit emprunter une tout autre direction : il cherchera à tirer profit au maximum de la tendance à jouer qui caractérise si bien l'enfant de façon générale ; il veillera pour cela à mettre à sa disposition des jouets qui vont pouvoir servir d'instruments ou de tremplin à son expression spontanée. En fait, il va se comporter avec lui comme s'il était un dramaturge, un scénariste et aussi, un metteur en scène. Très généralement, l'enfant va immédiatement mettre à profit la gamme de jouets qui lui sont présentés. Il en choisira certains et en écartera d'autres. Puis, il se mettra sur la voie de composer une scène, une histoire que le thérapeute, en temps opportun, lui demandera de décrire ou de raconter. Il pourra s'impliquer dans plusieurs de ces jeux au cours d'une même séance[17].

Il se trouve que ces « compositions », ces histoires ne sont pas banales : elles révèlent magnifiquement le monde intérieur de l'enfant. Elles renseignent directement sur le mode de fonctionnement affectif qui est le sien. Elles indiquent s'il y a oui ou non un déficit dans le développement affectif. Et oui : les enfants jouent, élaborent des thèmes, des scénettes,

17 Je tiens à préciser que dans cet ouvrage, j'inclus dans « le jeu de l'enfant » les productions fournies par le dessin (notamment la scène que l'enfant y met, l'histoire qu'il brode au sujet de cette scène, etc.) et par celles qui impliquent l'usage d'images, que celles-ci proviennent d'épreuves projectives thématiques ou non.

des « histoires » qui révèlent très exactement où ils en sont rendus dans leur développement[18]. Il vaut la peine de donner quelques illustrations.

Un enfant qui a vu son développement se figer au niveau de la période anaclitique de bas niveau met en scène de manière typique un ou des personnages qu'il s'empresse d'attaquer aussitôt ; on peut comprendre cette production comme une manière d'exprimer sa colère à l'endroit de la figure maternelle, celle qui a été ou est tenue responsable du manque de soins et d'affection dont il a souffert. Son jeu peut également révéler la présence désirée des mesures de protection face à un environnement perçu comme hostile ou non bienveillant, ou encore, des actions révélant les fantasmes de toute-puissance visant à combler le sentiment de détresse et d'impuissance qui l'habite, etc. Un tout-petit de quatre ans qui se comporte comme un enfant de deux ans et qui est donc campé dans la zone anaclitique médiane mettra en place un jeu qui trahira la quête d'une relation exclusive avec la figure maternelle, le désir d'être celui qui est le plus aimé de sa part et, très souvent, le désir d'écarter ou de voir disparaître les rivaux (fraternels ou pairs), etc. Un enfant qui est resté figé au niveau de l'anaclitisme de haut niveau (narcissique phallique) cherchera à tout moment à transformer le jeu en joute avec le thérapeute, de manière à trouver l'occasion de renflouer son estime de lui-même mal assurée, sa considération pour lui-même fort défaillante. Voilà ce qu'il en est en gros pour les sujets en mode anaclitique.

L'enfant œdipien, quant à lui, qui, à six ou sept ans, ne s'est pas résigné à la défaite dans la course au parent de l'autre sexe passionnément aimé, manifeste dans son jeu son projet de

18 Il en est exactement de même des adolescents et des adultes à qui on demande de raconter ce qui arrive selon eux et d'après ce qu'ils voient dans la scène figurant sur chacune des planches d'une épreuve projective thématique.

conquête. Je donne un exemple pour illustrer ce dernier cas de figure, celui de Mégane[19], 7 ans, référée pour son attitude d'opposition à la maison (elle vit avec la mère) et pour des troubles du sommeil fort importants. À la septième rencontre, elle dessine une sirène avec une couronne et un large sourire ainsi qu'une pieuvre. Lorsque la thérapeute lui demande de raconter ce qui se passe dans son dessin, elle dit que « la sirène est une nouvelle reine toute contente, que tout le monde va venir la voir, et en premier lieu, son amie la pieuvre ». La thérapeute demande : « Pourquoi dis-tu que c'est une nouvelle reine? » ; Mégane répond : « Parce qu'avant, c'était sa maman, la reine, et elle, elle était la princesse mais là, sa maman est morte ». Un thérapeute capable de tirer profit de la communication par le jeu peut reconnaître facilement ici que derrière Mégane se profile la sirène, qui devient reine à la place de la mère, celle-ci étant morte. L'identité du personnage qui est masqué derrière son amie la pieuvre peut paraître plus énigmatique, mais si l'on tient compte des allégories élaborées dans les séances antérieures, il n'y a guère de doute possible : c'est le papa intensément aimé qui est caché là. Sur la base de cette hypothèse, la thérapeute propose: « Est-ce que cela se pourrait, Mégane, que des fois, tu te sentes comme la petite sirène, comme une nouvelle reine avec ton papa parce que ta maman n'est plus avec lui, alors... ». La fillette interrompt la thérapeute et dit : « Oui, comme la sirène, sa maman est morte mais elle, elle est avec son papa » (ce qui n'est pas son cas, car c'est la mère qui a sa garde ; elle voit toutefois son papa une fin de semaine sur deux). La suite de l'échange permet de constater à quel point la petite est mal à l'aise avec tout cela, car il se trouve qu'elle aime beaucoup sa maman également. Alors, désirer prendre sa place (et ce, même si les parents sont séparés, car il y a toujours la pensée chez elle qu'ils sont susceptibles de refaire

19 Tous les enfants dont le cas est évoqué dans cet ouvrage ont été renommés et toute information qui aurait permis l'identification des parents a été retranchée.

vie commune) et surtout souhaiter sa mort, c'est assez lourd à porter, il n'est pas difficile de l'admettre ; pas étonnant donc que le sommeil en soit troublé. On n'aura pas de mal à noter la richesse de l'histoire produite par la fillette, une caractéristique très généralement partagée par les sujets œdipiens.

J'ai omis de donner une illustration de ce que produisent les enfants aux prises avec un état autistique. J'y viens. Le confusionnel (psychotique de type schizophrénique), de façon typique, va produire des jeux qui, tout en étant abondants au niveau des péripéties, n'auront ni queue, ni tête ; il sera pratiquement impossible d'y trouver une logique ou une cohérence interne. La composition s'établit au gré des suggestions sensorielles fournies par l'environnement ou provenant de l'intérieur (autosensuelles) ; elle semble se réaliser sans égard à la présence ou à l'action d'un fil conducteur qui donnerait un sens à l'ensemble. L'esprit de ce sujet se comporte comme un navire qui va à la dérive, qui se laisse mener par les vagues ou le vent. L'enfant autistique (le sujet à carapace), quant à lui, a une production mentale vraiment rudimentaire, sinon inexistante ; ses jeux sont essentiellement sensori-moteurs et stéréotypés (faire avancer une petite voiture et une autre et puis une autre, par exemple). On n'arrive pas à lui faire raconter ce qui se passe, il est incapable de composer une « histoire » ; la capacité de mentalisation est vraiment à plat chez lui. De plus, contrairement à l'enfant confusionnel, cet enfant ne tient pas compte de la présence du clinicien, ni de ses demandes, ni de ses consignes. Le clinicien est là mais l'enfant le tient pour absent et il se comporte comme tel à son endroit.

Le jeu de l'enfant, révélateur de l'état d'avancement de la psychothérapie

Non seulement les histoires ou les scénettes des enfants trahissent-elles leur niveau de développement affectif (et, le cas échéant, le déficit de celui-ci), mais elles révèlent également comment les choses se présentent ou évoluent à l'intérieur du sujet au cours de la thérapie. Elles le font, toutes proportions gardées, exactement comme les radiographies, les scans, les échographies dans la pratique médicale ; ces moyens techniques permettent en effet un accès beaucoup plus en profondeur à ce qu'il en est de l'état de santé (ou de maladie) d'un patient, bien au-delà de la simple description des symptômes ou de ce qui peut apparaître à la perception du malade. Il en va exactement de même de ce que recèlent les jeux spontanés de l'enfant : ils permettent au regard avisé du clinicien d'accéder à ce qui se passe dans l'esprit de l'enfant. Je reviens au cas de Mégane pour illustrer cet aspect. Je saute en fait à la quatorzième séance, sept semaines après celle évoquée dans la section précédente :

> *Dès son entrée dans la salle de thérapie, elle commence immédiatement à mettre en place son scénario. Elle dit que nous allons faire comme si une partie de la salle était la maison. Nous devons d'abord choisir ce que nous voulons mettre dans notre maison. Mégane apporte des jouets, des livres, des balles, un jeu de golf. Elle me dit que je suis la maman et elle, la jeune fille. Elle insiste pour que je choisisse mes choses importantes pour les apporter dans notre maison. Nous habitons ensemble. Pendant que je vais jouer au golf, elle reste à la maison pour lire. Elle précise que c'est son papa qui s'occupe d'elle pendant ce temps. Elle lit et son papa discute avec des amis. Je continue ma partie de golf même lorsque la nuit est tombée et Mégane s'allonge sur le divan du salon qu'elle utilise en guise de lit. Elle me dit que son papa va aussi se coucher mais dans sa chambre à lui. Lorsque je reviens, je dois aller me coucher avec le père, « mon mari ».*

On peut constater à quel point le rapport avec la figure maternelle est présenté ici comme étant de coopération et non d'opposition ; la fillette propose, mais n'impose rien. Le père n'est pas une figure dont l'enfant voudrait l'attention privilégiée (et une attention qui tiendrait compte de la nature de leur sexe ou genre à tous les deux) : il joue tout simplement son rôle de parent, de protecteur, de gardien, et il a ses propres activités (il discute avec des amis). La nuit venue, le père va se coucher dans sa chambre, là où ira dormir la mère quand elle rentrera de sa partie de golf ; le personnage qui représente Mégane, quant à lui, dort sur le divan dans le salon ; il importe de mentionner que jusqu'à tout récemment, le père accueillait sa fille dans son propre lit quand il la recevait chez lui la fin de semaine, ce qui était l'un des éléments importants à la source du problème, parce que cette pratique entretenait chez elle l'idée que son rêve de conquête allait se réaliser. Si l'on tient compte du contenu et du sens de cette production, il paraît assez évident que la fillette est en train de renoncer à son vieux rêve d'être l'amoureuse du père. C'est ce que confirmeront les confidences tout à fait discrètes de la mère immédiatement après la séance : « Tout va très bien; tout est rentré dans l'ordre maintenant ». Les choses ont bel et bien changé à la maison, et c'est ce qui fait que la psychothérapie pourra se terminer une semaine plus tard.

L'évolution que je viens de donner comme illustration intervient à l'intérieur du mode de fonctionnement œdipien, zone à laquelle l'élan maturatif de Mégane s'était figé. Le matériel est encore plus remarquable et plus convaincant quand il laisse voir le cheminement qu'accomplit un enfant campé initialement dans la zone anaclitique de bas niveau jusqu'à son accès au fonctionnement œdipien. Quoi qu'il en soit, je me dois de dire que toute évolution de cas, quelle que soit son ampleur en terme d'espace parcouru dans la traversée des zones ou périodes de développement, constitue une histoire exaltante à vivre, tant pour l'enfant que pour ses parents et son thérapeute[20].

Le jeu de l'enfant, révélateur du sens de ses symptômes

Manifestement, les histoires ou les scénettes que l'enfant produit en présence du thérapeute renseignent sur ce qui se passe en lui[21]. Elles renseignent tout autant sur le sens qui se profile dans les symptômes[22], cela, il est très important de le noter. On me permettra ici, avant de poursuivre, d'insister sur un point que j'ai effleuré à quelques reprises mais sans le développer suffisamment. Il s'agit de la nature du symptôme. Dans la perspective de la psychothérapie par le jeu, le symptôme est l'équivalent d'un « cri de protestation » ou encore, d'un « appel à l'aide » se reliant souvent à un désir inavouable. Cette conception tient compte de sa vraie nature au niveau de l'inconscient de l'enfant. Elle diffère donc grandement de celle que les parents ont généralement : spontanément, ils considèrent le ou les symptômes comme un ou de simple(s) irritant(s) qu'il faut s'empresser de faire

20 Dans des ouvrages antérieurs, j'ai fourni avec des collaborateurs des exemples tout à fait illustratifs d'une évolution « au long cours ». Voir Bossé & coll. (1999) et Bossé & coll. (2008). De nombreux exemples d'évolution de cas sont également accessibles dans Bossé (2003). Le premier de ces ouvrages est destiné aux parents alors que les deux autres s'adressent aux praticiens de la psychothérapie.

21 Je prends la précaution de préciser ici que les productions ludiques de l'enfant ne sont pas les seules données sur lesquelles le psychothérapeute s'appuie pour cerner son niveau de développement affectif ainsi que son évolution en thérapie : le repérage et l'utilisation des faits que nous désignons dans le jargon du métier par l'expression *effets de transfert* revêtent eux aussi une très grande importance. En fait, le cadre des rencontres entre l'enfant et son thérapeute est ainsi organisé qu'il permet l'expression de sentiments, d'impressions, de désirs ou de besoins qui se rattachent non pas tant à la personne du thérapeute comme telle mais à des personnes significatives de l'environnement affectif actuel ou passé de l'enfant : ces sentiments, impressions, désirs ou besoins sont *transférés* de ces personnes significatives au thérapeute. Je n'insiste pas sur ce volet du transfert dans le présent ouvrage parce que celui-ci s'adresse d'abord et avant tout aux parents. Il en serait tout autrement si des psychothérapeutes constituaient le (seul) public ciblé.

22 Dans cet ouvrage, j'utilise assez souvent le terme symptôme au singulier. Il faut retenir que c'est pour simplifier l'exposition des idées. Le pluriel doit être considéré comme possible dans tous les cas, sauf quand un symptôme donné est objet de la désignation.

disparaître. Ils ne sont d'ailleurs pas les seuls à penser ainsi, car la grande majorité des intervenants qui œuvrent auprès de l'enfant s'attaquent au symptôme sans égard au sens qu'il a en profondeur. Le psychothérapeute par le jeu tient compte précisément de ce sens profond ; plus encore, il ne s'occupe pas du symptôme en tant que tel. Bien sûr, il surveille son évolution mais il le fait discrètement, portant notamment attention à ce que les parents en disent. Il garde le symptôme à l'œil parce que sa disparition signalera que le processus a atteint ou est près d'atteindre son but, c'est-à-dire l'installation de l'enfant (ou la remise en marche de son élan maturatif) dans le mode de fonctionnement qui est normalement attendu chez un enfant bien portant de son âge. Il n'échange toutefois pas avec l'enfant au sujet de ce symptôme, à moins que celui-ci ne l'y amène, ce qui n'est pas nécessairement fréquent, à tout le moins pas avant que la thérapie n'ait atteint un certain stade ou une certaine intensité.

Comment, par le jeu de l'enfant, le psychothérapeute arrive-t-il à découvrir le sens des symptômes qui ont lancé le besoin de thérapie ? La réponse est simple : le jeu révèle le mode de fonctionnement affectif de l'enfant et c'est en tenant compte de ce mode que le sens du symptôme apparaît. Je reviens au cas de Mégane un bref instant. La fillette posait à sa mère un problème particulier : elle s'opposait à elle sur tout ce qui pouvait porter à conflit ; la situation étant devenue intolérable et le climat à la maison insupportable, les parents choisirent d'avoir recours à la psychologue. Par son jeu, Mégane laisse voir « son désir secret » : que sa mère meure et qu'ainsi elle puisse aller vivre avec son papa chéri, devenant rien de moins que son amoureuse, sa meilleure copine. La psychothérapeute savait depuis la première séance avec la fillette[23] ce qui se

23 En fait, elle avait identifié dès la rencontre d'accueil avec les parents ce qui pouvait se passer chez la fillette, mais il fallait vérifier cette hypothèse par l'analyse de ses productions ludiques.

tramait chez elle ; elle avait identifié la nature œdipienne de la problématique, le fait que Mégane n'avait pas renoncé à 7 ans à la réalisation de son projet œdipien, comme elle aurait normalement dû le faire un an ou un an et demi plus tôt.

Le symptôme, un messager qu'il faut respecter

Que le symptôme soit relié à un mode de fonctionnement affectif et qu'il remplisse la fonction que je viens de lui reconnaître (de « cri de protestation » ou encore, d'un « appel à l'aide » souvent relié à un désir inavouable) fait apparaître les limites d'une perspective d'intervention qui donne priorité à son attaque directe, dans le but de le faire disparaître purement et simplement. On ne fait alors rien d'autre que de « tuer le messager », incapable qu'on est d'entendre son message ou d'en tenir compte. La réalité dans la direction de laquelle ce « messager » pointe, celle qu'il a pour mission d' « annoncer », n'en continue pas moins d'exister et... de faire ses ravages. L'« émetteur » enverra peut-être un autre « messager », plus insistant sans doute ; en toute logique, celui-ci devrait connaître le même sort que le précédent. Viendra un moment où l'« émetteur » se découragera et renoncera à se faire entendre ; il se résignera alors à vivre avec son problème et ses conséquences...

Revenons à Mégane encore une fois : beaucoup d'intervenants auraient pris comme plan de tenter d'améliorer la relation mère – enfant par des stratégies particulières impliquant les deux parties. Dans le meilleur des cas, une certaine amélioration aurait pu être constatée en surface, mais il y a fort à parier que cette amélioration aurait duré seulement « le temps que durent les roses ». Il est facile de comprendre pourquoi : ce plan n'aurait pas attaqué le problème à sa source, celle de la rivalité œdipienne cachée avec la mère, celle du projet inavouable de voir le couple parental se scinder pour de bon, afin que devienne possible la conquête proprement amoureuse de la figure paternelle. Un souvenir me vient ici : dans mes dernières années comme professeur à l'Université, alors membre d'un comité de sélection mis sur pied pour combler un poste de professeur, je me suis permis de proposer un cas clinique à un candidat ; ce cas était celui d'une fillette de 6 ans qui demandait à sa mère de divorcer soi-disant parce qu'elle n'aimait plus son père, en dépit du fait que la relation semblait manifestement très bonne entre elle et lui. Le problème de cette fillette était exactement le même que celui de Mégane : désir inavouable de conquête du père œdipien. Comme réponse à ma question, le candidat, docteur en psychologie et praticien depuis plusieurs années, émit le commentaire qu'on devait suggérer au père de faire des sorties en seul à seul avec sa fille pour améliorer la relation entre les deux... Aussi bien proposer de jeter de l'huile sur un feu pour l'éteindre...

Les psychologues et les autres intervenants qui pratiquent une approche centrée sur le symptôme oublient la fonction messagère de celui-ci, sa fonction de pointeur de sens ; ils font comme si cette fonction n'existait pas, comme si le symptôme n'était qu'une excroissance, un mauvais pli qu'ils doivent faire disparaître. Penser et agir ainsi, c'est se condamner à l'inefficacité thérapeutique à court, à moyen ou à long terme. Le plus triste, souvent, c'est que l'enfant va perdre un temps précieux avant de trouver quelqu'un qui va vraiment pouvoir interpréter le langage caché de son messager. Très souvent, sa problématique se sera alourdie entre-temps ; son cheminement d'apprentissage ou de socialisation en aura subi des dommages importants, et le temps qui devra être mis pour le sortir de son pétrin devra dès lors être plus long et plus coûteux.

L'exemple le plus désolant d'un tel état de fait nous est fourni par les médecins qui pratiquent une approche médicamenteuse à l'endroit des enfants dits hyperactifs, et par les intervenants (psychologues, enseignants, psychoéducateurs) qui leur réfèrent les parents dans le but avoué de faire médicamenter leur enfant. Ces intervenants semblent ignorer que le comportement d'agitation et les difficultés de concentration de ces enfants se greffent sur un terrain dynamique qui éclaire singulièrement leur recours à ces formes de conduite. Il faut être bien naïf ou ignorant pour croire qu'avec du Ritalin, du Concerta ou tout autre médicament du genre, on va permettre à un enfant de surmonter le déficit qui affecte son développement affectif. De quelle catastrophe ne risque-t-on de se rendre complice si on laisse croire aux parents que tout devrait rentrer dans l'ordre avec des pilules, tout simplement ! Le temps que ceux-ci vont « dormir » sur cette position ne reviendra pas et c'est l'enfant qui, en définitive, va en payer le prix le plus fort. Je reviens sur cette question ci-après, mais en l'abordant sous un autre angle.

Un même symptôme peut renvoyer à plusieurs « sens », d'un sujet à l'autre

Négliger le repérage du fonctionnement affectif auquel on doit nécessairement se référer pour décoder tout autant le sens des productions de l'enfant que celui de son symptôme peut conduire à un autre cul-de-sac, celui de penser que ce symptôme est lié de façon nécessaire à une condition sous-jacente. Les comportements d'opposition à la mère de la part d'une fillette peuvent se rattacher à une autre dynamique que celle présentée par Mégane. Ils peuvent fort bien se présenter, par exemple, chez une fillette de deux ou trois ans qui encaisse très mal l'arrivée d'un petit frère ou d'une petite sœur. Campée au niveau anaclitique médian, cet enfant réagit plus ou moins consciemment comme si elle estimait que le frangin ou la frangine lui avait pris la mère qui, jusqu'alors, se consacrait exclusivement à elle. Le sens du symptôme est ici bien différent de celui de Mégane. Il en va ainsi de la grande majorité des conduites dysfonctionnelles : elles servent à des usages dont le sens peut varier grandement d'un sujet à l'autre et qui, pour être découvert, doit être mis en relation avec le mode de fonctionnement affectif.

C'est donc dire que si le mode de fonctionnement affectif permet de repérer le sens du symptôme, celui-ci ne permet pas à lui seul de déterminer où se trouve l'enfant dans son développement, en tout cas, pas de façon générale[24]. Pour illustrer ce propos, je vais évoquer deux types de cas fort répandus, celui des comportements violents ou agressifs chez les enfants et celui de l'hyperactivité, sujet sur lequel il me faut absolument revenir. On peut retrouver des comportements de violence ou d'apparence violente chez des sujets psychotiques, chez ceux au fonctionnement affectif campé dans l'une ou l'autre des périodes anaclitiques et chez des sujets œdipiens, mais le sens de cet agir change à chaque échelon. L'enfant psychotique se sent à la merci d'un monde dangereux dont il ne peut prévoir l'agissement ou les événements ; la raison de son agir violent se trouve très souvent dans sa lecture biaisée ou confuse d'une situation donnée, ce qui le fait réagir d'une façon tout à fait contraire à la logique ou au bon sens propre aux enfants de son âge. Les choses changent quelque peu au niveau de l'enfant au fonctionnement anaclitique de bas niveau : dans ce cas, l'enfant a recours au comportement violent parce qu'il sent que l'intégrité de son soi ou son existence propre est menacée par un agent extérieur perçu comme mal intentionné à son endroit, habitué qu'il est de ne pouvoir compter de façon stable sur une figure protectrice et aimante. C'est d'ailleurs le plus souvent

24 Je soupçonne quelques exceptions : par exemple, des enfants « mutiques » sur le cas desquels je me suis penché, aucun ne présentait une dynamique autre qu'œdipienne. Il en va de même des cas de « refus scolaire ». Je ne serais cependant pas déconcerté de trouver dans la population des enfants référés pour l'une ou l'autre de ces raisons des sujets qui ne répondent pas à ce profil. L'état actuel de mes connaissances ne m'empêche pas d'être minutieux et prudent dans l'évaluation de ces deux types de cas.

cette figure protectrice défaillante qui est visée inconsciemment par la violence de l'enfant. À l'échelon suivant, au niveau anaclitique médian, la violence de l'enfant peut facilement viser ceux qui sont reconnus par lui comme responsables de la perte perçue de l'affection ou de l'attention de la figure maternelle : le frère ou la sœur plus jeune, ou encore le conjoint ou le nouveau copain perçu comme voleur de cette figure. Elle peut également viser cette figure maternelle à laquelle l'enfant reproche son manque d'amour, sa perte d'intérêt pour lui, etc. Au niveau phallique, l'enfant peut manifester de la violence à l'endroit de celui ou celle, adulte ou pair, qui met ou qui a mis à mal son estime de lui-même, dimension de sa personnalité qui est si fragile. Et finalement, au niveau œdipien, l'enfant peut fréquemment avoir recours à l'agressivité parce qu'il reporte sur la personne victime, adultes ou pairs de son sexe ou de l'autre sexe, des sentiments de colère ou de vengeance causés par le comportement ou l'attitude de l'une ou de l'autre figure parentale dans la situation conflictuelle qui est la sienne. Il en va pratiquement de même de la tendance à se réfugier dans l'hyperactivité.

Oui, revenons à l'hyperactivité. Les pratiques médicale et psychologique de ces dernières décennies ont trop souvent agi comme si l'hyperactivité constituait une entité clinique en soi (on devrait dire, pour faire savant, « une entité nosographique ») ; elles lui ont conféré pratiquement le même statut que celui des catégories de psychose, d'état limite (ou borderline) ou de névrose[25]. L'hyperactivité n'est pourtant qu'une sorte de manifestation comportementale, comme peuvent l'être l'abus d'alcool, la consommation de

25 Je profite de l'occasion ici pour introduire les deux dernières de ces dénominations, qui désignent respectivement chez l'adulte ou l'adolescent ce que deviennent le plus souvent le sujet à fonctionnement anaclitique (état limite en herbe) et le sujet œdipien (pré structuré à la manière d'un sujet à fonctionnement névrotique : si ce dernier se désorganise ou perd son état d'équilibre, il devient névrosé).

drogues, la délinquance, le jeu compulsif, etc. D'un point de vue qui prend en considération la dynamique psychique, elle n'est qu'une manière de contrer l'anxiété. Or, quand on fait une évaluation serrée du fonctionnement affectif de ces garçons ou filles désignés comme étant aux prises avec un TDA/H[26], on découvre qu'ils appartiennent généralement soit à la catégorie clinique des sujets anaclitiques, soit à celle des sujets à fonctionnement œdipien ; autrement dit, ils se distribuent sur le continuum de développement affectif, à peu de choses près comme les sujets à comportement violent ou agressif que j'ai évoqués ci-dessus. Sont bien représentés chez eux les sujets qui revendiquent l'attention de la mère ou d'une figure parentale de substitution. Ceux-là luttent avec l'anxiété d'abandon, la peur d'être laissés pour compte, la peur de ne pas être aimés ou d'être moins aimés que les autres (frère, sœur à la maison ou pairs à la garderie ou à l'école). Ils ont en somme un fonctionnement affectif campé dans l'anaclitisme médian. On retrouve aussi une bonne proportion de sujets dont le fonctionnement affectif correspond à la zone des anaclitiques de haut niveau (les phalliques). Ceux-là, également aux prises avec la peur d'être moins aimés, donnent une teneur un peu plus sophistiquée à leur anxiété : ils ont peur de ne pas être considérés à leur valeur (dont ils doutent eux-mêmes), de perdre l'attention valorisante des adultes significatifs, des pairs qu'ils valorisent ou idéalisent, etc. Alors, pour contrer ce malaise intérieur, cette angoisse qui les tenaille, ils cherchent à se mettre en valeur, à rechercher l'attention à leur manière partout où c'est possible à leurs yeux : ils ne se soumettent pas aux consignes, jouent les clowns, cherchent à épater la galerie sans égard aux circonstances ou au contexte, etc. Autrement dit, comme leurs pairs de moindre niveau, ils se réfugient dans l'agir et dans l'agir excessif aussi souvent que possible pour tenter de rétablir une tranquillité d'esprit qui

26 TDA/H est l'abréviation de trouble d'attention et/ou d'hyperactivité.

leur sera toujours hors d'atteinte, à défaut de profiter d'une psychothérapie bien menée. Il y a aussi des œdipiens qui carburent à l'agir excessif, eux également pour calmer leur anxiété. Mais celle-ci a chez eux une nature fort différente de celle présentée par les sujets des deux niveaux précédents : leur manque de sérénité intérieure provient très souvent de la culpabilité qu'ils ressentent consécutivement au conflit œdipien en pleine intensité, suite au fait qu'ils ont mijoté des désirs de mort ou de d'éloignement du rival, parent qu'ils aiment pourtant et auquel ils sont fortement attachés. En conséquence de cela, l'angoisse d'être punis s'est installée chez eux ; elle se trouve à présenter une telle intensité qu'ils n'arrivent pas à la maîtriser, d'où leur propension à tenter de la neutraliser en la niant, en l'oubliant, en se réfugiant dans l'agir excessif, qu'ils utilisent comme une drogue ou une sorte d'autohypnose. Leur incapacité de concentration soutenue, leur hyperactivité et leur irritabilité peuvent dans certains cas se rattacher à l'incertitude dans laquelle les place le parent aimé qui tantôt répond positivement (inconsciemment) à leur désir de séduction, tantôt la rejette, jetant ainsi un doute sur la réalisation possible de leur projet de conquête.

Au cours de ma carrière, j'ai été impliqué dans l'évaluation et dans la psychothérapie de plusieurs centaines d'enfants qu'on présentait comme hyperactifs, que ce soit à la garderie, à la maternelle ou à l'école primaire. Je ne me souviens pas d'avoir rencontré un seul cas qui ne pouvait ou n'aurait pu bénéficier grandement d'une psychothérapie compte tenu de l'état affectif sous-jacent au symptôme. Qu'on me comprenne bien : je ne suis pas absolument contre le recours ponctuel à la médication. Celle-ci peut rendre l'enseignant plus confortable avec l'enfant et alléger sa charge pédagogique ; dans un certain nombre de cas, elle peut également permettre à l'enfant une meilleure concentration. Mais c'est lubie de penser qu'avec le recours exclusif au médicament, le développement affectif en difficulté qui se profile derrière le symptôme va pouvoir être remis en route. Dans tous les cas, les parents doivent être sensibilisés à l'importance de consulter un psychothérapeute capable de dénouer l'impasse dans laquelle se trouve l'enfant. Bien pathétique le spectacle de ces jeunes qui arrivent à l'adolescence avec la même anxiété et qui se commettent dans des actions téméraires, mettant en péril leur vie et celle des autres. Bien pathétique le spectacle de ces « ritalinisés » de l'enfance qui, devenus adolescents ou jeunes adultes, tentent tant bien que mal avec l'aide de leur médicament (mais en plus forte dose) de faire face au stress des travaux à réaliser et des examens à réussir. À leur sujet, on peut à juste titre se demander dans quelle mesure, après leurs années de formation, ils vont vraiment pouvoir exploiter les habiletés et le savoir qu'ils cherchent à acquérir. Bien pathétique également que d'entendre ces adultes qui affirment mieux fonctionner grâce à la découverte de cette « potion magique », ignorant la malchance qui a été la leur de n'avoir pu compter en bas âge sur un psychothérapeute avisé capable de les sortir de leur impasse et de permettre à leur développement affectif de se poursuivre.

Le symptôme peut changer de sens au fil de la maturation de l'enfant

Le clinicien entend souvent les parents dire que leur enfant s'est mis à manifester telle ou telle conduite dysfonctionnelle à un âge bien antérieur. La tentation peut être grande pour lui de déterminer le mode actuel de fonctionnement affectif de l'enfant en tenant compte de l'âge qu'avait l'enfant à l'époque. Il risque de faire fausse route. Les symptômes sont comme les mots ou les phrases : leur sens, la réalité ou la pseudo réalité qu'ils servent à pointer peuvent varier quand un enfant passe d'un mode à un autre, lorsqu'il continue de se conduire de la même façon mais que les raisons pour lesquelles il le fait ne sont plus les mêmes, le contexte ayant changé. Il en va ainsi, par exemple, des attitudes de violence ou d'agressivité qui, manifestées à une sous-période de l'anaclitique, peuvent continuer d'apparaître lorsque l'enfant est entré dans une sous-période plus avancée. On peut dire la même chose de la tendance excessive à faire état de ses habiletés, typique d'un sujet phallique, qui cherche ainsi à renflouer son narcissisme vacillant ; on peut la retrouver chez le même sujet devenu œdipien qui cherche alors à démontrer à sa thérapeute qu'il a tout ce qu'il faut pour être son amoureux. D'où le danger parfois de tenter de situer l'enfant sur le continuum du développement affectif en suivant la trace du symptôme, jusqu'à son origine. Je sens que je m'adresse ici tout autant aux praticiens qu'aux parents eux-mêmes. Peut-être est-ce là l'indice que le temps est venu de conclure ce chapitre ?

En guise de conclusion, je me permets d'attirer l'attention sur un sujet relié à une préoccupation partagée par beaucoup de parents. Très souvent, dès la première entrevue avec le psychothérapeute, un certain nombre d'entre eux vont chercher à savoir si le thérapeute a des enfants, comme si cette caractéristique pouvait être une garantie de compétence à leurs yeux. Je ne nierai pas que l'expérience de la parentalité facilite dans beaucoup de cas l'apprentissage et surtout une intégration plus rapide de plusieurs aspects fondamentaux du métier. Mais, selon moi, au niveau de la pratique de la psychothérapie comme telle, cette présence de l'expérience de la parentalité n'a pas, et de loin, l'importance que la plupart des parents seraient prêts à lui concéder d'emblée. Est nettement plus décisive la capacité de repérer où l'enfant se trouve dans son développement, où campe son mode de fonctionnement affectif, comment se présente son évolution au fil des séances, quel est le sens de ce qui s'agite en lui et qu'il cherche à exprimer plus ou moins consciemment, etc. Voilà l'atout indispensable, celui sans lequel aucune psychothérapie de l'enfant[27] ne peut donner des résultats qui vaillent la peine, en terme de profondeur ou de qualité de vie ajoutée et en terme de durabilité.

Il se trouve que cette capacité n'est pas simple à développer : elle suppose une formation bien ciblée et bien menée, une pratique supervisée pendant plusieurs années ; elle suppose que le thérapeute puisse arriver optimalement à reconnaître avec un degré d'aisance suffisant la variété des problématiques et les particularités les plus usuelles de l'expression ludique de l'enfant en fonction de la nature de son mode de fonctionnement affectif. Il y a bien sûr, dans l'interaction avec les parents, une fonction d'éducateur-conseil qui est assumée par le psychothérapeute[28]. Mais l'acquisition des connaissances qu'implique cette fonction ne prend surtout pas autant de temps que celle qui fonde l'approche du psychothérapeute par le jeu. On y « fait rapidement le tour de la maison », surtout si, dans son propre développement, le thérapeute a pu compter sur des parents qui se sont relativement bien acquittés de leur tâche d'éducateurs.

Pour convaincre les parents sceptiques au sujet de ma position, je pourrais ajouter qu'en tant que superviseur, j'ai travaillé avec autant sinon plus de psychothérapeutes sans enfant que ceux avec enfant(s). Je peux garantir que cette façon de les départager n'a pas d'importance réelle : j'ai connu autant de thérapeutes tout à fait remarquables dans les deux

27 Il en va de même pour la psychothérapie ou l'analyse d'adultes et d'adolescents.

28 Je me permets de préciser ici, pour éviter toute ambiguïté, que dans l'exercice de cette fonction, le psychothérapeute ne se fonde pas sur la nature des comportements dysfonctionnels à faire disparaître, mais bien plutôt sur leur sens profond, lequel est révélé au cours ou au cœur de la thérapie. C'est sous cet aspect fondamental que son travail diffère de celui opéré dans le « coaching » parental ou éducatif.

catégories. Bien plus, je dois dire que les psychothérapeutes qui m'ont paru souvent en difficulté au niveau des attitudes et du travail d'interprétation avec l'enfant étaient de ceux qui assumaient la fonction de parents ; ils avaient tendance, nettement plus que ceux de l'autre catégorie, à quitter le cadre thérapeutique qui devait être le leur pour adopter un style éducatif (ou parental) avec l'enfant.

Chapitre quatrième

La dynamique sous-jacente au symptôme : quelques exemples

Dans le cours du chapitre précédent, il m'est arrivé de faire allusion au type de regard ou de compréhension que le psychothérapeute pratique au sujet du matériel ludique produit par l'enfant pendant la séance. J'ai notamment illustré cette particularité en faisant appel à deux vignettes tirées du cas de Mégane. J'ai également consacré beaucoup de temps à faire entrevoir le sens caché qu'il fallait débusquer non seulement derrière les symptômes (agressivité, hyperactivité, etc.) mais aussi derrière les productions de l'enfant réalisées en présence du thérapeute. Avant de poursuivre notre cheminement, il m'apparaît opportun de considérer un certain nombre de cas pour faire entrevoir comment les symptômes et les productions de l'enfant se relient à la dynamique affective qui leur est sous-jacente. Ces quelques cas choisis au hasard dans le lot de ceux pour lesquels j'ai été consulté ces derniers mois devraient suffire pour convaincre le lecteur que ce que j'ai présenté du cas Mégane n'est pas un coup de chance qui ne se répéterait que rarement ; avec ces illustrations, j'entends faire la preuve que c'est <u>toujours</u> ce qui se passe, que c'est <u>toujours</u> ce que réalise le psychothérapeute par le jeu qui a développé suffisamment de compétences pour le faire.

Pour la présentation de ces cas, je vais procéder d'une manière succincte mais en donnant tout de même suffisamment d'éléments d'information pour que l'illustration puisse atteindre son but[29]. Les informations qui apparaissent proviennent des premières séances dans la grande majorité des cas ; une psychothérapie s'en est suivie dans tous les cas et elle a confirmé le diagnostic initial. Je vais présenter ces cas par tranches d'âge (moins de 5 ans et 5 ans et plus), dans le but de faire apparaître que la possibilité pour le clinicien de repérer la dynamique sous-jacente n'est pas fonction de l'âge de l'enfant. Cette façon de procéder offre également l'avantage de donner une idée des formes que peut prendre la relation symptôme – dynamique à mesure que le sujet s'approche de l'adolescence. Je vais faire suivre ces illustrations d'un commentaire d'ensemble.

Des enfants de moins de cinq ans :

Simone, 4 ans

Raison de la référence : lors de l'entrevue d'accueil, les parents mentionnent que depuis trois mois, leur fille pleure systématiquement tous les matins lorsqu'ils vont la reconduire à la garderie et ce, que ce soit avec le papa ou avec la maman. L'éducatrice leur affirme que tout se passe pourtant bien à la garderie, que l'enfant dort bien, mange bien, qu'elle cesse de pleurer dès que le papa ou la maman s'en va. Les parents sont cependant sceptiques : la fillette rapporte que Mylène, l'éducatrice, la chicane lorsqu'elle pleure et lorsqu'elle doit aller à la toilette plus d'une fois, etc. De plus, la mère dit avoir

29 Sans doute bon nombre de cliniciens trouveront-ils étroite la base de données qui semble fonder le diagnostic. Ils doivent se rappeler que cet ouvrage est destiné aux parents d'abord et qu'il ne saurait être question de faire développer chez eux des habiletés diagnostiques ni ici, ni ailleurs. Je ne vise dans ce chapitre, j'insiste là-dessus, qu'à illustrer la réalité dynamique de ce qui se profile derrière les symptômes, tout en tenant compte du fait que la relation entre les deux types de réalité n'est pas exclusive. La base sur laquelle se fonde en fait le diagnostic reste dans tous les cas les données projectives produites par l'enfant dans les jeux libres ou les épreuves thématiques (dire ce qui se passe dans l'image présentée) ou les dessins (dessin de famille, dessin Maison - Arbre - Personnage et dessin libre) ou le plus souvent, les trois types de données à la fois, ainsi que, bien évidemment, les données de l'anamnèse et les manifestations transférentielles précoces.

observé que lorsque l'éducatrice s'approche de sa fille, cette dernière se recroqueville, se referme sur elle-même et ne répond plus aux questions. Lorsque les parents vont chercher leur fille, au retour du travail, Simone a souvent mal à la tête, mal au cœur ou mal au ventre. Des problèmes se posent en outre à la maison au moment des repas : la fillette n'accepte de manger que très peu. En garderie, aucun problème sur ce plan, selon l'éducatrice.

Analyse rapide de la dynamique : les productions données en situation de jeu libre laissent voir que cette fillette est en pleine turbulence œdipienne. Désirant que sa mère disparaisse du paysage pour qu'elle puisse elle-même occuper sa place auprès du papa, Simone craint qu'en son absence, il arrive quelque chose de malheureux à la mère, quelque chose qui fasse que son souhait inavouable se réalise, car il se trouve qu'elle aime trop sa maman pour envisager pouvoir en être privée. D'où sa propension à rester près d'elle pour la protéger ou l'avertir devant un malheur possible. Et pour y arriver, elle met tous les efforts pour convaincre les parents de la garder à la maison. On voit là le sens profond de ses plaintes après la journée passée en garderie. Manifestement, Simone doit entrer en thérapie pour une intervention qui n'aura cependant pas besoin d'être longue (moins de 10 séances)[30] et ce, à titre préventif.

Justin, 4 ans

Raison de la référence : Justin, d'après ses parents, est extrêmement angoissé et préoccupé par la routine, une en particulier : chaque lundi, il se rendrait malheureux à vouloir rester à la fenêtre aussi longtemps que le camion des vidangeurs n'est pas passé. Les parents sont incapables de lui faire accomplir autre chose que de rester à attendre devant

30 Les précisions concernant la durée de la thérapie, dans ce cas comme dans tous ceux qui vont suivre, supposent une implication optimale de la part des parents.

la fenêtre, et cela peut durer toute la journée, en fait jusqu'à ce que le fameux camion passe. Madame mentionne qu'elle ne peut prévoir de faire ses courses ce jour-là si le camion n'est pas passé, car Justin en ferait toute une crise, comme c'est arrivé quelques fois. Dernièrement, il a dit à plusieurs reprises qu'il aimerait faire autre chose mais qu'il s'en sent incapable jusqu'à ce qu'il ait vu « le camion des poubelles ». C'est ce qui a poussé les parents à consulter, voyant que ça devenait un problème pour lui.

Analyse de la dynamique : pas de doute possible sur le nature œdipienne du fonctionnement affectif suite à l'analyse des données des deux premières séances. Le jeu de la deuxième séance notamment est très révélateur : Justin se profile lui-même derrière les soldats qui doivent être contrôlés et mis en geôle : "Ils veulent la guerre mondiale"... Autrement dit, on doit l'arrêter car il veut faire la guerre au père pour prendre sa place près de la mère. Il apparaît dès lors clairement que sa préoccupation pour le passage du camion est reliée à son souhait de voir se réaliser ce projet. Comment ? Il voit comme sa responsabilité de s'assurer que le camion des vidanges passe car s'il ne passe pas, sa maman, pense-t-il, va vraiment être contrariée. « Heureusement que la dernière semaine, elle était absente, dit-il ; le camion n'est pas passé ». Ce n'est pas que le camion passe ou non qui est important, c'est bien plutôt le plaisir (s'il passe) ou le déplaisir (s'il ne passe pas) apporté ou causé à la mère. "Papa lui, il s'en fiche", dit-il. Sans doute veut-il dire par là que, selon lui, son papa ne s'occupe pas suffisamment du plaisir de la mère (pas autant en tout cas qu'il le fait lui-même). Mais peut-être veut-il dire simplement : "Avec papa, je n'ai pas à me préoccuper de cela ; il s'en fiche carrément" (on pourrait comprendre : 'il n'est pas préoccupé par la propreté, contrairement à maman' !!!)". Pour sa part, il « adore s'occuper de la vidange des poubelles », parce qu'il trouve là un terrain pour séduire sa maman. On apprend, en outre, qu'il n'aime pas se salir les mains parce que, dit-il, « maman ne voudrait pas ». Il est vraiment « accroché » au souci pour la propreté de la mère. Il fait tout pour être à la hauteur dans cet aspect de la vie de la famille ; il en donne probablement plus que la maman en demande, car il ne veut pas lésiner sur les moyens pour y déclasser le père (comme il le fait probablement ailleurs). Il veut faire voir à la maman qu'il serait le mari idéal et qu'il la seconderait bien dans son rôle de mère, comme quand il reste en silence avec elle tout le temps que le bébé dort ; il a en effet une petite sœur de quelques mois, un bébé que, sur le plan imaginaire, il estime avoir donné à sa maman. Il faut porter attention au fait que dans le jeu qu'il a produit spontanément, la petite fille (elle figure la petite sœur) va rester avec les soldats, qui sont pourtant méchants : cela n'a pas l'air d'être inquiétant à ses yeux ! Rien d'étonnant, quand on sait qu'il est derrière les soldats !!! Une psychothérapie relativement brève (probablement moins de 10 séances) va grandement aider cet enfant.

Anaïs, 4 ans

Raison de la référence : de retour au travail après la naissance d'un deuxième enfant, la maman a traversé une période de travail et d'étude très intense au cours du printemps précédant le moment de la consultation. Le papa a donc été amené à s'occuper davantage de sa fille, ce qu'il a d'ailleurs fait d'une manière tout à fait adéquate, reconnaît la mère. À un moment donné, Anaïs a commencé à démontrer de l'appréhension durant les absences de la mère. Durant les vacances, elle a commencé à dire qu'elle ne voulait plus aller à la garderie (2 jours/semaine). La gardienne signalait au cours de l'été que l'enfant disait s'ennuyer beaucoup de sa maman. Depuis le début de l'automne, la situation est vraiment devenue inconfortable à la garderie : les pleurs sont devenus très fréquents et l'humeur triste de l'enfant agace fortement la gardienne, qui en fait part aux parents. Ceux-ci décident alors de consulter.

Analyse du cas : il s'agit d'une problématique plutôt légère et semblable au cas de Simone. Le mode de fonctionnement est œdipien, sans qu'aucun doute ne soit possible au vu des données cliniques. Les jeux produits à la première et la deuxième séance démontrent clairement qu'Anaïs veut s'approprier le bébé de la maman. Ce qui est constaté dans le jeu doit être mis en relation avec le fait qu'au cours de l'été, elle a demandé à sa maman si son papa pouvait être son amoureux. Manifestement, Anaïs désire évincer sa maman dans le cœur de son papa et, pour que cela puisse se produire, elle entretient secrètement le souhait qu'il arrive à sa rivale quelque chose de malheureux qui pourrait l'éloigner de la maison. Très attachée à sa maman malgré cela, elle ressent intérieurement un grand malaise de désirer une telle chose et craint d'être punie. Il y a fort à parier que cette anxiété de punition est à la source des réactions anxieuses. Va dans le sens de l'hypothèse le fait qu'elle aimerait beaucoup avoir un prince pour son anniversaire (probablement le papa symbolisé) et qu'elle adore jouer à la princesse. La fillette affiche en outre des attitudes maternelles à l'endroit de son jeune frère. La problématique est donc légère, mais elle ne nécessite pas moins une thérapie, relativement brève cependant (quelques séances, 8 à 10 probablement).

Juliette, 4 ans

Raison de la référence : Juliette semble angoissée ; elle a peur de plusieurs choses, ne dort pas bien, fait des cauchemars et ces cauchemars sont parfois en lien avec ce qui s'est passé dans la journée. Des événements banals deviennent très facilement dramatiques. La fillette est très sensible à tout :

au contenu de films, aux livres et aux histoires tristes, aux méchants, etc. Elle accroche à tous les événements frustrants pour elle et ceux-ci semblent la marquer facilement.

Analyse du cas : l'analyse des données projectives démontre qu'il s'agit d'un enfant à fonctionnement anaclitique médian. La mère a bien compris ce qui se passe, c'est-à-dire le fait que cette fillette hésite à quitter sa position de toute-petite et qu'elle refuse d'occuper la position d'une grande. Juliette affiche en fait un grand besoin de dépendance : elle rechigne devant l'effort, voulant qu'on le fasse pour elle quand elle anticipe que la tâche demandée ne sera pas facile. La revendication affective paraît évidente, même à l'endroit de la clinicienne et ce, dès les séances d'évaluation. Cette fillette se vit comme une toute-petite qui a besoin d'attention et de protection ; elle manipule les parents ou l'éducatrice de garderie, et elle tente très souvent d'obtenir ce qu'elle désire en geignant et en pleurant ou en faisant mine de le faire. Dans ce cas, la thérapie pourrait durer 4 ou 5 mois.

Félix, 3 ans

Raisons de la référence : Félix a eu connaissance de l'agression dont son père et sa mère ont été victimes dans la maison familiale quatre mois avant la consultation. L'agresseur, que nous nommerons Pierre, était un ami d'enfance du père. Il était intoxiqué à l'alcool et probablement aussi à une drogue dure. Il s'est présenté enragé à la maison et s'est rué sur le père. Il y aurait eu beaucoup de cris. Félix et sa mère étaient dans la cuisine ; ils ne voyaient donc pas directement ce qui se passait, mais les cris et les bruits de l'altercation étaient vraiment impressionnants, tellement que tous les voisins sont venus voir ce qui se passait. La mère ne croit pas que Félix a vu l'agression, mais elle est certaine qu'il a tout entendu et qu'il a compris ce qui se passait. À un moment donné, elle-même est sortie dehors pour tenter d'intervenir ; l'agresseur l'a blessée au niveau de la lèvre et du front : elle s'est retrouvée le visage ensanglanté. Lorsqu'elle est entrée dans la maison, Félix a dit : « Pourquoi maman bobo ? Maman, pourquoi Pierre méchant ? ». L'enfant en a tremblé et pleuré pendant une quinzaine de minutes, répétant constamment la même question. Il avait besoin d'être consolé, rassuré ; même si la mère s'occupait de lui, il ne pouvait cesser ses pleurs et ses cris. Au terme de l'altercation, il était près de la porte entrouverte et il pouvait voir ce qui se passait. Tremblant, il disait : « Non maman, non papa ».

Analyse du cas : il est manifeste que cet enfant lutte avec une réaction post-traumatique consécutive à l'agression commise à son domicile sur la personne de ses parents. La peur de voir se reproduire ces événements dramatiques suscite chez Félix le besoin d'être rassuré, surtout le soir et la nuit. Les cauchemars et les crises de panique la nuit attestent du fait que l'enfant tente d'intégrer la réalité de ce qu'il a vécu ; mais pour l'instant, c'est peine perdue. Le recours à l'agir excessif, les difficultés de concentration, la tendance à faire des crises suite à une frustration, les difficultés au moment du coucher, le sommeil troublé, le besoin de profiter en toute exclusivité de la présence rassurante de la figure maternelle à la maison comme à la garderie, l'agressivité envers les pairs découlent de l'événement traumatique. En conséquence, le développement affectif est en panne, de toute évidence figé au niveau anaclitique médian (ce garçon devrait normalement être en œdipe). Dans le jeu spontané de la deuxième séance, Félix fait apparaître la figure de l'agresseur de ses parents sous la forme d'un méchant ; il confie à la clinicienne la mission de le contrôler et même de l'amener dans le volcan de manière à ce qu'il soit brûlé. Ce jeu confirme donc ce qui s'agite dans le psychisme de l'enfant : le désir que l'agresseur disparaisse à tout jamais, de manière à ce qu'il ne puisse se représenter au domicile familial. Il ne faut pas écarter l'hypothèse que le décès du grand-papa vécu à ses 16 mois ait fragilisé Félix, le rendant vulnérable à l'anxiété de perdre ses parents et ce, à un niveau relativement élevé. Le fait pour l'enfant de se lever la nuit à quatre reprises durant les semaines qui ont suivi ce décès pour faire ce que le grand-père faisait (s'asseoir dans le fauteuil qu'utilisait ce dernier pour regarder la télévision au Canal D) laisse voir à quel point ce deuil était difficile pour lui. Il se pourrait même qu'il n'ait pas encore été résolu. Les productions ludiques devraient rapidement permettre de voir ce qu'il en est. Cette condition d'anxiété latente pourrait fort bien avoir ajouté son effet au traumatisme de l'attaque sur les parents. Félix a besoin d'une thérapie de toute urgence, de manière à pouvoir surmonter les effets de ces événements, particulièrement ceux du traumatisme de l'automne dernier. Étant donné l'âge de l'enfant, il faut compter sur 4 ou 5 mois de psychothérapie pour lever les réactions post-traumatiques et permettre au développement affectif de rattraper son retard.

Des enfants de 5 à 9 ans :

Guillaume, 5 ans et demi

Raisons de la référence : au dire de la mère, autant Guillaume peut être d'une très grande gentillesse, autant il peut proférer des propos méprisants, faire preuve de méchanceté à l'endroit d'autrui, dénigrer l'autre, se moquer des autres, que ce soient les parents, les membres de la fratrie, des amis, des inconnus. Il provoque les autres avec des paroles blessantes. La mère dit en avoir assez de ses attitudes et comportements, qui perdurent malgré les conséquences, les retraits, etc. Elle observe que cela se passe principalement par périodes, que ces attitudes fluctuent dans le temps. Elle dit pourtant s'efforcer de valoriser son fils lorsqu'il se conduit bien, mais l'enfant continue néanmoins de manifester ses comportements problématiques. Il n'a pas d'amis ; il peut intimider, menacer ou faire peur aux autres ; il est parfois morose, triste ou irritable durant plusieurs journées consécutives. Les problèmes de l'enfant affectent gravement la vie familiale.

Analyse de la dynamique : Guillaume est coincé au niveau phallique. Rarement voit-on, dès les premières séances, un ensemble aussi grand de données qui laissent entrevoir une telle préoccupation pour les grandeurs et surtout pour la comparaison entre grands et petits. On sent dans ses productions ludiques une ambition démesurée d'impressionner (par exemple, avoir un vaisseau qui peut aller à la vitesse de la lumière et pouvoir tirer des missiles, se transformer en garçon « qui court super vite », fait des « super springs », est doté d'ailes, etc.). Dans l'épreuve projective, il dit à propos d'une scène : "Pour impressionner tous les gens, il [le personnage auquel il s'identifie] se dit : 'je vais faire une culbute'. Il a fait une culbute pour impressionner sa famille. Vu que sa famille était impressionnée, elle lui a fait de gros bisous". Le thème de la rivalité avec les membres de la fratrie est très présent. L'habitude de faire peur ou de taquiner frère et sœur est pour lui une stratégie qu'il utilise à la fois pour attirer l'attention des parents, pour montrer sa domination sur les plus jeunes et pour se venger de l'attention et de la considération dont ils bénéficient de la part des parents. La pauvreté de ses relations sociales s'explique par sa tendance à vouloir hausser son estime de lui-même en infériorisant ou en méprisant les autres. Il faut compter pour ce cas sur quelques mois de thérapie (4 ou 5) pour faire basculer dans l'œdipe son mode de fonctionnement affectif.

Jessica, 5 ans

Raisons de la référence : il s'agit d'une fille qui vit dans une famille reconstituée. La mère a coupé tout contact avec ses filles (Jessica a une sœur plus vieille), suite à une décision du Tribunal il y a quelques mois. Le père et sa conjointe mentionnent que les dessins de sa fille ont tendance à être foncés et au contenu triste. Ils décrivent l'enfant comme étant extrêmement sensible, d'une sensibilité à fleur de peau. En outre, Jessica n'aurait pas la capacité d'attendre : elle doit avoir tout tout de suite ; elle a tendance à couper la parole. Elle n'est pas propre la nuit et les parents se demandent par moments si elle mouille son lit sciemment.

Analyse de la dynamique : Jessica a vécu et vit toujours très mal l'abandon de sa mère. Cette situation l'a plongée dans un état de tristesse contre lequel elle lutte. Elle est en plein deuil. Elle traîne ce deuil comme une blessure qui ne guérit pas. Au fil de ses productions, nous pouvons constater que cette fillette se vit comme une petite qui a besoin qu'on s'occupe d'elle, qu'on doit aider à surmonter sa tristesse. Son mode de fonctionnement affectif est manifestement anaclitique (de niveau médian). Il y a quand même des indices qui laissent croire qu'elle se sent bien dans son foyer actuel ; elle a espoir que son papa et sa conjointe, Isabelle, vont pouvoir l'aider à surmonter ses difficultés. Il se peut qu'il y ait cependant présence de sentiments ambivalents à l'endroit du père (elle ne veut pas de papa dans son jeu libre) : peut-être, inconsciemment, lui reproche-t-elle de l'avoir mise à distance de sa mère, en dépit des difficultés qu'elle reconnaît à celle-ci et du caractère parfois frustrant du style de vie qui était le sien du temps où elle vivait avec elle. Peut-être dit-elle à ce moment-là : "Si je veux être à nouveau avec maman, il ne faut pas que papa soit là". Jessica doit profiter d'une psychothérapie aussitôt que possible et celle-ci devrait durer environ 6 ou 7 mois.

Camille, 6 ans

Raison de la référence : Camille ne veut plus aller à l'école depuis près de trois mois, au moment de la consultation. Ses parents décrivent ses crises comme de grosses peines ;

la fillette manifeste alors une réelle détresse. Le père fait vite le lien avec le retour au travail de son épouse, car il y a coïncidence dans le temps. Il se trouve que celle-ci éprouvait de sérieux problèmes de santé (au niveau du système digestif), à tel point qu'elle a dû se mettre en arrêt de travail. Mais ce ne fut que temporaire, car réalisant que sa condition empirait à la maison, Madame a repris ses fonctions à l'extérieur. Camille irait très bien la fin de semaine, mais dès que le dimanche soir arrive, elle se plaint de maux de ventre et demande à sa mère d'appeler à son travail pour dire qu'elle est malade et qu'elle ne rentrera pas travailler.

Analyse de la dynamique : Camille présente une dynamique assez typique des cas de refus scolaire (en tout cas d'un grand nombre d'entre eux) : elle se sent coupable de voir la mère aux prises avec des problèmes de santé parce qu'elle a plus ou moins conscience d'avoir souhaité son éloignement du père, très exactement comme Simone et Anaïs, ci-dessus. Elle a vraiment peur que ces problèmes de santé soient fatals, peur d'autant plus intense pour elle qu'elle aime vraiment beaucoup sa maman et qu'elle ne veut surtout pas la perdre. C'est la raison pour laquelle elle voudrait rester près d'elle pour se rassurer concernant son état (et peut-être pour la protéger). Camille se plaint de maux de ventre (la mère présente de gros problèmes intestinaux) : on peut penser que ceux-ci (qu'ils soient réels ou non) sont des réactions mises au point pour tenter d'assumer personnellement ce qui arrive à sa mère (en détournant les maux sur elle-même) et aussi pour soulager sa culpabilité. Dans ce cas-ci, la psychothérapie pourrait être plutôt brève, moins de 12 séances, probablement.

Kevin, 9 ans

Raison de la référence : Kevin a été évalué et il a été « diagnostiqué TDA/H ». Les parents (séparés depuis trois ans) s'inquiètent de son estime de lui-même, de son fonctionnement général. Le garçon serait fréquemment dans la lune, au point qu'il doit rester en classe pendant les récréations pour terminer ses travaux. C'est un enfant plutôt calme à l'école, mais les enseignants ont mentionné aux parents qu'il avait l'air triste. Il éprouverait de la difficulté à garder ses amis. À la maison, il est très impulsif et il sacre beaucoup, devenant agressif pour des riens, selon la mère. Il a déjà mentionné qu'il voulait mourir, mais il l'a fait lorsqu'il avait mal ou qu'il était malade. Il aurait très mal encaissé l'arrivée d'un nouveau copain dans la vie de sa mère.

Analyse de la dynamique : si l'on se fie aux productions données par l'enfant lors des deux premières séances avec la psychothérapeute, la problématique semble incontestablement œdipienne : ce garçon ne semble pas s'être résigné au fait qu'il ne peut être l'homme, l'amoureux de sa maman. La mère ne l'a certainement pas aidé en l'accueillant dans son lit tous les soirs jusqu'à tout récemment, en fait jusqu'à l'arrivée d'un nouveau copain dans sa vie. Il y avait là de sa part une séduction inconsciente et également une acceptation implicite de la séduction du fils. Cette séduction mutuelle a été pratiquée vraisemblablement depuis la séparation des deux parents (il y a trois ans) et elle semble s'être réalisée dans plusieurs types de situations : le garçon a ni plus ni moins été placé dans la position d'un équivalent de conjoint. Il n'est donc pas étonnant qu'il ait réagi à la manière d'un amoureux éconduit quand sa mère lui a appris qu'il ne pouvait désormais plus dormir avec elle : "Tu ne m'aimes plus", lui aurait-il dit, l'air catastrophé. Inutile d'ajouter qu'il ressent beaucoup d'agressivité à l'endroit de ce rival qui s'est pointé dans son environnement immédiat. La séduction maternelle, l'insécurité quant à sa durabilité et, finalement, la remise en cause de la réalisation du rêve de possession amoureuse du parent follement aimé se profilent derrière les difficultés de concentration de ce garçon. Compte tenu de l'âge, il faut compter sur une psychothérapie s'étalant sur 10 à 12 mois pour sortir ce garçon de son impasse.

Pierre-Olivier, 6 ans

Raison de la référence : Pierre-Olivier n'est toujours pas propre, surtout à la maison et même la nuit. Il a été soumis à des tests à l'hôpital afin de vérifier l'hypothèse d'un problème d'ordre médical. Après la série de tests, les médecins ont suggéré un suivi en psychologie car physiquement, tout était « normal ». La mère dit que c'est comme si Pierre-Olivier ne voulait pas s'arrêter de jouer, qu'il ne voulait pas manquer une partie de son émission, etc. Ce qu'elle ne comprend vraiment pas, c'est qu'il ne ressente aucun malaise à rester dans son urine ou même dans ses selles. Depuis dix-huit mois, le père vit dans une autre ville durant la semaine à cause de son travail et il vient à la maison une fin de semaine sur deux. La relation entre mari et femme n'est pas très bonne, il y a de fréquents désaccords ; Madame reproche à son conjoint de ne « pas être là », même quand il est à la maison. Elle mentionne que le garçon s'accrochait beaucoup à son papa jusqu'à il y a 18 mois, moment où le papa a déménagé, un événement qu'il pourrait avoir mal vécu, puisque son symptôme a empiré dès lors. Un deuxième enfant (une fille) est né quand Pierre-Olivier avait 2 ans et demi. À ce moment-là, la mère avait demandé à son conjoint d'être davantage présent pour aider leur fils à devenir propre. Le petit avait alors un intérêt pour le petit pot et il demandait à aller à la salle de bain. Mais, selon Madame, son conjoint ne portait pas attention à ces demandes et l'enfant pourrait avoir déduit de l'attitude de son père que ce n'était pas important. Elle qualifie son fils de nerveux ; selon elle, il est incapable de jouer seul. À l'école, il semble apprécié ; cependant, quand il arrive à la maison, il explose facilement : il affirme souvent avoir l'impression que tout le monde contrôle sa vie. Il aime pourtant jouer au grand frère avec sa sœur. Il veut toujours partager ses propres choses pour avoir des amis. Académiquement, les choses vont très bien.

Analyse de la dynamique : Pierre-Olivier donne l'impression d'être resté figé au niveau phallique ; il serait donc à la recherche d'un renflouement de son narcissisme insuffisamment comblé. Je ferais l'hypothèse que ce déficit est relié à la relative indifférence du père à son endroit. Dans la relation avec la thérapeute, il paraît assez évident que ce garçon cherche à se faire reconnaître comme bon. Il a une forte tendance, en présence de la psychothérapeute, à tout ramener au jeu de compétition, à vouloir constamment s'installer dans ce genre d'interaction avec elle. C'est probablement cette même propension qui l'amène à faire apparaître les membres de sa famille comme engagés dans une partie de soccer dans son dessin de famille, les identifiant à l'aide de numéros. Il admet difficilement, par ailleurs, s'être trompé ou avoir négligé un point : par exemple, à propos du même dessin, suite à la remarque de la clinicienne au sujet du fait que les quatre enfants n'ont pas de traits du visage, il dit : "Ils étaient nés comme ça, c'est tout". Cette absence de traits va probablement d'ailleurs dans le même sens que les autres symptômes : elle pourrait trahir ici un défaut de reconnaissance phallique. Cette thérapie va devoir courir sur 10 à 12 mois au moins.

Justine, 5 ans

Raisons de la référence : Justine est venue en thérapie parce qu'elle présentait des signes d'anxiété. Autrefois fille épanouie et fonceuse, elle refusait depuis quelques mois d'être laissée seule dans le local où elle suivait ses cours de danse et de dessin. Elle insistait en pleurs pour que ses parents fussent présents dans le local, chose impossible en raison des règles et du fonctionnement inhérents aux cours. Les parents tentèrent de l'aider de diverses façons, mais sans succès. S'ajoute à cela le fait que peu de temps avant le moment de la référence, l'enfant devait assister à la visite de sa classe de maternelle et faire connaissance avec son enseignante et les autres futurs élèves du groupe. Justine, cependant, refusa de suivre le groupe et de se séparer de sa mère qui devait, quant à elle, assister à une rencontre avec la direction. Au dire des parents, leur fille a beaucoup pleuré. C'est ce dernier incident qui a convaincu les parents de consulter. Ils se disent inquiets des réactions de leur fille face à la rentrée scolaire alors qu'elle leur répète régulièrement qu'elle ne veut pas aller à l'école.

Évolution du cas en thérapie : la thérapie s'est étendue sur vingt-cinq séances hebdomadaires. Justine a d'entrée de jeu démontré une belle implication, malgré une certaine timidité et une certaine difficulté à se dévoiler dans ses jeux par le récit d'histoires. La rentrée scolaire s'est effectuée plus positivement que ne l'anticipaient les parents. Les pleurs étaient moins fréquents et moins intenses. À quelques reprises, justifiées par les productions, des interprétations en lien avec l'œdipe furent proposées mais Justine refusa d'y souscrire de façon ouverte, bien que par ses jeux ultérieurs, elle en confirmait le bien-fondé. Les signes d'anxiété demeurèrent présents jusqu'à la 21ième séance. Par la suite, l'enfant s'est ainsi confiée à ses parents, sans qu'elle ne soit incitée à le faire d'aucune manière: « Maman, faut que je te parle, mais je veux pas que papa entende. Je..., je veux te parler dans un autre endroit, dans ma cabane au sous-sol ». Mère et fille se rendirent à l'endroit indiqué. Pour mettre la confidence en route, la mère tenta de savoir si le problème était en lien avec ses amies, l'école ou même son père ou elle-même. C'est alors que l'enfant lui dit d'emblée: « Bien, c'est toi le problème, c'est à cause de toi que je peux pas avoir mon papa comme amoureux. Tu es égoïste. Moi aussi, j'en veux un, un amoureux et je veux que ce soit papa ». La mère accueillit de façon adéquate les propos de sa fille, demeurant empathique et calme. L'enfant alla ensuite voir son père, en l'absence de sa mère, à qui elle avait demandé de demeurer dans sa cabane. Elle confia à son père qu'elle aurait aimé qu'il soit son amoureux à elle. Le père lui précisa que la chose était vraiment impossible. Le lendemain, l'enfant a exprimé clairement à ses parents : "Je suis grande maintenant, et c'est fini le pleurage avant l'école puis à mon cours de danse". Dès lors, l'enfant mit de côté sa tendance à pleurer et à exiger la présence de ses parents à ses côtés. Jusqu'à la toute fin de la thérapie, elle insista régulièrement pour faire les choses seule, refusant bien souvent l'aide qui lui était proposée et semblant nettement plus confiante en elle, selon les parents.

Alexis, 7ans

Raison de la référence : Alexis est référé pour une évaluation et, éventuellement, une thérapie parce qu'il est aux prises avec un sérieux problème d'attention et de concentration à l'école. Il est décrit par son enseignante comme bougeant constamment, se tortillant, se levant sans tenir compte des circonstances, ni des consignes, etc. On soupçonne encore une fois la présence d'un « syndrome TDA/H ».

Analyse de la dynamique : l'analyse du matériel projectif produit en séance laisse voir qu'Alexis a le fonctionnement affectif (œdipien) qui est attendu chez un garçon de son âge. Mais il y a quand même une fixation à ce niveau, fixation qui manifestement rend compte de ses difficultés de concentration et de son recours excessif à l'agir, à cause du degré d'anxiété qui s'y associe. Alexis rêve toujours de prendre la place du père auprès de la mère. Ce projet s'affiche constamment dans le matériel projectif qui lui a été soumis et il apparaît également en filigrane dans les dessins et le jeu libre. Il est vraisemblablement apparu autour du quatrième anniversaire, époque à laquelle remonterait le début de la tendance à l'agitation excessive, selon la mère. Le désir de conquérir le cœur de celle-ci et de l'enlever au père avait alors atteint sa pleine intensité, comme c'est généralement le cas chez les enfants de cet âge qui se développent bien. Il y a fort à parier que les comportements agressifs qu'il affiche par moments à l'endroit de sa jeune sœur proviennent du fait qu'il reproche à celle-ci d'être le cadeau que le papa a alors donné à sa maman, cadeau qu'il ne pouvait et ne peut toujours pas égaler lui-même (pour assurer sa victoire sur lui). Il est certain que l'acceptation des parents de le faire s'endormir dans le lit conjugal a été reçu et est toujours reçu par lui comme un indice que cette victoire était toujours envisageable, que « la porte était toujours ouverte ». Il y a probablement d'autres conduites des parents (de la mère, surtout) qu'il interprète de la même manière, à cause de leur possible caractère ambigu. Ces conditions familiales sont à elles seules suffisantes pour rendre compte de la fixation intervenue au niveau du conflit œdipien. Comment s'explique, dans cette perspective, la difficulté de concentration et le recours à l'agir excessif observé à l'école ? La réponse à cette question se trouve dans le fait qu'Alexis aime énormément son papa et qu'il sent qu'il le trahit en entretenant ce projet de le sortir du cœur de la mère. D'où l'anxiété qui atteint un niveau tel qu'elle ne peut être gérée ou neutralisée consciemment (mais elle le sera en thérapie). Alexis cherche à la nier, à l'étouffer en bougeant, en étant hyperactif. Et c'est toujours cette anxiété qui l'empêche de se concentrer. Confirme cette hypothèse du conflit œdipien le fait que le garçon maintient une grande proximité avec son père (il veut se convaincre que celui-ci ne va pas découvrir ce qu'il en est de son projet ou se rassurer que s'il le fait, il ne va pas lui en vouloir, etc.). Cette proximité lui donne aussi l'occasion de s'identifier au père et de montrer à la mère qu'il peut être à la hauteur pour le remplacer. De toute urgence, ce garçon doit être mis en thérapie pour que son développement affectif puisse reprendre son rythme. Le père a absolument raison de se méfier du recours au Ritalin : le conflit interne du garçon qui est à la source de sa difficulté à l'école ne va pas se dissoudre sans psychothérapie. Celle-ci devrait comporter entre 16 et 20 séances.

Charlotte, 9 ans

Raison de la référence : Charlotte est amenée en consultation en raison de son mutisme sélectif. Au dire des parents, la fillette se montre extrêmement volubile à la maison, épuisant même les deux parents sur ce plan. Elle s'oppose très fréquemment à sa mère mais elle le fait par périodes ; à d'autres moments, elle s'assoit sur elle, à la manière d'une petite fille et se colle à elle. Le père est en général plus permissif que la mère ; il a également plus de facilité avec Charlotte. Le début du mutisme sélectif remonterait à la maternelle, d'après la mère, au moment où les parents commençaient à vivre séparés (ils devaient reprendre vie commune par la suite) ; Charlotte était alors en garde partagée. Depuis ce temps, elle refuse de parler à l'extérieur de la maison, sauf à une amie ; elle communique par signes avec ses enseignants. Lorsqu'elle est questionnée sur les pratiques familiales concernant l'accès à l'intimité physique, la mère répond sans malaise aucun qu'à la maison, c'est « portes ouvertes ».

Matériel produit à la cinquième séance : il a fallu attendre jusqu'à cette séance pour que la fillette devienne suffisamment à l'aise en présence de la thérapeute pour produire une véritable histoire. Je fais de la séance le résumé suivant. Charlotte va devant le campeur à barbies et le pointe avec conviction, manifestant son désir de jouer avec lui. Elle dispose les articles du campeur, prépare un feu de camp sur lequel elle fait griller des guimauves. Elle sort ensuite du sac de jouets la dame brune qui sera la maman, une jeune fille blonde et un bébé fille. Elle couche le bébé et la jeune blonde sur le lit. Elle place la maman sur une chaise sous la pergola, sise un peu en retrait. Elle retire le chandail de la jeune fille, ne lui faisant porter que son pantalon. Elle la recouche sur le lit. Elle sort ensuite le papa du sac de jouets. Elle lui fait mettre la tête sur le ventre de la jeune blonde. Puis, le papa frotte sa tête sur les cheveux de la jeune blonde, ce qui fait bien rire Charlotte. Le papa va ensuite s'asseoir à côté de sa femme sous la pergola. La jeune blonde met son chandail. Charlotte la maquille avec une poudre scintillante. La jeune blonde veut être belle et sentir bon pour que son papa la trouve jolie, réussit-on à lui faire préciser.

Analyse de la dynamique : Charlotte ne pourrait être plus explicite concernant son désir d'un rapproché très intime avec le père. Il importe de noter que le personnage qui la représente dans l'histoire s'est en quelque sorte approprié le bébé, peut-être pour signifier son statut de « maman » ou encore pour signifier que ce bébé est celui qu'elle aimerait donner à son papa. Puis, elle s'est souciée d'asseoir le papa près de la maman et, enfin, de les coucher l'un près de l'autre sous la pergola, sans doute pour signifier qu'elle ne veut surtout pas éveiller les soupçons de la mère quant à son désir secret de conquête du papa œdipien. Voilà vraisemblablement ce qui se profile derrière le mutisme sélectif de la fillette. Elle a tellement peur de le révéler qu'elle se limite à ne parler qu'à la maison ou avec une amie très intime, dont elle pourrait considérer la discrétion comme assurée. Pourquoi parle-t-elle autant à la maison, alors? En présence du père, elle maintient son attitude de séduction ; car comment peut-elle parvenir à réaliser son objectif de le conquérir, si ce n'est qu'en parlant et en le faisant abondamment, afin de montrer qu'elle est supérieure à sa maman, pour occuper toute la place devant elle et... devant son papa ? Elle ne se prive d'ailleurs pas de s'opposer à sa maman très intensément par périodes, on l'aura noté. Ce désir de la déloger du « cœur » du père à son profit provoque de la culpabilité chez elle, ce qui l'amène par moments à se comporter en petite fille colleuse pour se faire pardonner son projet inavouable. Il se peut également que ce soit pour « endormir » sa mère et lui signifier qu'elle n'a rien à craindre d'elle, puisqu'elle n'est qu'une toute-petite, stratégie très fréquente chez les petites œdipiennes. Cette thérapie en est pratiquement à ses derniers moments, après un peu plus d'une vingtaine de séances.

Commentaire d'ensemble

Il y a donc une réelle distance entre ce qui apparaît en surface (le ou les symptômes) et la dynamique qui joue en profondeur. Il faut une compétence particulière pour faire la liaison entre les deux niveaux. C'est très exactement l'expertise du psychothérapeute par le jeu : ayant appris à situer l'enfant sur le continuum du développement (connaissances dont l'acquisition demande du temps et de l'expérience), il est en mesure de décoder le sens des productions qui apparaissent en séance, de mettre à nu ce qui s'agite en profondeur et ce qui se profile derrière le symptôme. À terme relativement court, il devient tellement familier avec le niveau profond qu'il peut lire le sens de ces productions au moment même où elles apparaissent devant lui.

Les parents sont fréquemment surpris d'apprendre ce qui s'agite derrière les symptômes de leur enfant : « Je n'aurais jamais pensé à une telle chose » est un commentaire qu'on entend souvent de leur part. Même les parents les plus sceptiques (qui sont surtout des papas, oui, et des papas très rationnels, pas très proches de leurs émotions) finissent par se laisser convaincre après un certain temps. Cela arrive, par exemple, après que le thérapeute ait mis en relation les symptômes comme tels, bon nombre d'autres réactions manifestées par l'enfant à la maison et un ensemble d'habitudes particulières au milieu familial, surtout aux parents. Ces habitudes peuvent avoir, aux yeux de ceux-ci, une apparence banale mais dans la problématique ou dans la pensée de l'enfant, elles se sont trouvées à prendre un sens pas du tout ordinaire. Preuve de leur importance, elles ont surgi en séance dans le jeu de l'enfant soit à plusieurs reprises, soit une seule fois mais à un moment significatif d'une « histoire » ou d'un scénario très chargé émotionnellement parlant.

Les cas que j'ai présentés dans le présent chapitre donnent une certaine idée des raisons pour lesquelles un enfant est amené chez le psychothérapeute. Mais en regard de la grande diversité des motifs de référence, cette idée m'apparaît bien mince. Je présume que sur ce sujet, bon nombre de parents sont désireux d'en savoir bien davantage. C'est pour combler ce désir que je vais maintenant aborder le sujet des motifs qui, le plus souvent, lancent la nécessité d'une psychothérapie pour un enfant.

Chapitre cinquième

Les principaux motifs avancés par les parents pour une demande de psychothérapie pour leur enfant

Qu'est-ce qui généralement conduit les parents à faire une demande de psychothérapie pour leur enfant ? Spontanément, on peut deviner que ces motifs varient grandement d'un cas à l'autre. Cela est vrai. Il y a quand même des situations qui reviennent fréquemment. Il vaut la peine que nous nous arrêtions sur ces motifs. Cette revue permettra aux parents d'un enfant en difficulté de constater que la situation problématique de leur enfant n'est pas unique, qu'elle peut même être fréquente et qu'elle peut s'inscrire dans la large gamme de celles que le recours à un psychothérapeute peut résoudre. Nous revenons donc du côté du ou des symptômes seulement, pour le seul temps du présent chapitre.

Cette revue, j'entends la conduire en tenant compte des principaux milieux de vie de l'enfant, passant ainsi de la garderie ou de l'école à la maison, du milieu extra-familial au milieu familial. Dans la majorité des cas, l'enfant pose problème dans les deux types de milieux. Je vais quand même utiliser cette division, en dépit des chevauchements fréquents, parce qu'elle permet de reconnaître la place qui revient aux observateurs extérieurs à la famille dans la tâche de sensibilisation des parents à la nécessité d'une consultation.

Les difficultés manifestées en milieu de vie extra-familial

Les éducatrices en CPE ou en garderie familiale occupent un poste d'observation tout à fait privilégié pour repérer rapidement si oui ou non un enfant présente des difficultés laissant croire à un problème au niveau de son développement affectif. Il en va de même des enseignants, de la pré-maternelle jusqu'à la fin du primaire et, quoique dans une moindre mesure, des enseignants du secondaire et des moniteurs de camp de vacances. Ces éducateurs qui appartiennent à l'un ou l'autre de ces trois milieux ont la chance d'interagir avec un grand nombre d'enfants chaque année et au fil des ans ; ils sont de ce fait capables de comparer les enfants entre eux, de situer chacun sur un continuum de performance ou d'adaptation, des meilleurs aux moins bons.

Les éducatrices de garderie passent généralement plus de temps avec un enfant que ses parents quatre ou cinq jours par semaine, ce qui n'est pas sans signification. Les éducatrices sont souvent les premières à signaler aux parents que quelque chose ne se passe pas bien avec leur enfant. Elles jouent le rôle de détecteur précoce, à condition bien sûr qu'elles profitent d'un bon équilibre psychologique et qu'elles aiment vraiment s'occuper des petits, ce qui est très généralement le cas. Ce rôle de détecteur potentiel est certainement l'un des beaux avantages du passage des enfants en garderie. Cet avantage prend d'autant plus de valeur qu'on croit à l'importance d'un repérage le plus hâtif possible des problèmes affectifs, car les chances de remise en forme de l'élan maturatif sont d'autant meilleures.

Comment se manifestent, dans ce milieu, les enfants qui ne se développent pas bien ? Il y a plusieurs types de manifestation. J'en nomme quelques unes : les comportements agressifs (habitude de mordre, de frapper ou de pincer, qui se maintient après plusieurs remontrances), le recours excessif à l'agir ou l'agitation (« Il n'est pas capable de se tenir tranquille une minute », « Il n'est pas tenable », dit-on d'un tel enfant), comportement qui peut s'accompagner de l'incapacité de tenir compte des consignes, qui empêche la concentration ou l'investissement durable dans une activité, la tendance à s'approprier les jouets utilisés par les pairs, à détruire leurs productions, etc. J'inclurais dans ce premier bloc de symptômes l'incapacité d'encaisser une frustration ou un refus, le recours, fréquent dans de telles circonstances, à des réactions explosives, à des crises d'une intensité et d'une durée vraiment hors de l'ordinaire.

Dans un deuxième bloc de symptômes, il faut faire mention de l'impression donnée durablement de sentiments de tristesse (« Elle donne vraiment l'impression d'être tout le temps triste »), de réactions anxieuses qui perdurent longtemps après le départ du parent accompagnateur, d'anxiété excessive devant la nouveauté, d'une susceptibilité (« La moindre petite chose qui la contrarie la fait pleurer »), d'une grande timidité, d'une sorte d'effacement de soi dans le groupe (« Il ne prend pas sa place »).

Dans un troisième bloc, je pourrais évoquer les comportements dont la présence est surprenante en garderie : utilisation de mots à connotation sexuelle, présence d'une culture sexuelle inappropriée pour l'âge, comportement masturbatoire fréquent et manifeste, tendance soutenue à s'exhiber, etc.

Avant de passer à un autre niveau d'âge, il importe de mentionner qu'un nombre important d'enfants problématiques de la garderie présentent les symptômes décrits dans le premier bloc. Le style de leur comportement et de leurs attitudes offre une grande similitude avec celui des enfants plus vieux qui ont du mal à inhiber leurs tendances impulsives ou à contrôler leur recours excessif à l'agir, conduites agressives en moins. Il est d'ailleurs à parier que les difficultés non résolues de ces tout-petits les prédestinent à être perçus comme hyperactifs au niveau scolaire. Comme beaucoup de ces enfants plus âgés, la piètre qualité de leur activité mentale (mentalisation, imagination, etc.) les amène à agir précipitamment plutôt qu'« à penser avant d'agir ». Je me permets de mentionner ici, sur la base d'une expérience clinique de plus de quinze ans auprès d'enfants fréquentant la garderie, qu'une psychothérapie par le jeu combinée à une implication de qualité de la part des parents parvient, dans un laps de temps relativement court, à remettre en route l'élan maturatif de ces enfants et ce, sans médication, cela va de soi.

Du niveau de la garderie, venons-en à celui de l'école primaire. Tout comme le passage en garderie, l'entrée à l'école peut fournir l'occasion aux parents de découvrir que les choses ne se passent pas pour le mieux dans le cas de leur enfant. Dans la liste des problèmes qui retiennent l'attention ou soulèvent l'inquiétude, l'hyperactivité, les difficultés d'attention soutenue dans les moments normalement consacrés à l'écoute, de concentration dans les tâches à accomplir, etc., occupent une large place. D'où le message adressé aux parents : « Il faudrait le faire voir par un médecin ». Heureusement, de plus en plus de médecins hésitent à donner tout de go la prescription souhaitée, conseillant plutôt aux parents de prendre d'abord rendez-vous avec un psychologue pour enfants[31]. Mais les difficultés d'hyperactivité, d'attention ou de concentration ne sont pas les seuls symptômes perçus ou évoqués par les enseignants : l'opposition persistante aux adultes, les conduites d'impolitesse, celles du style trouble-fête (que ce soit dans la classe, dans la cour de récréation, au service de garde ou dans l'autobus scolaire), les conflits avec les pairs (violence verbale, agression, intimidation,

31 Ce qui n'arrête pas pour autant l'augmentation de la « ritalinisation » de nos enfants : au Québec, selon des statistiques récentes portant sur l'ensemble du pays, nous serions les champions à ce titre. Rien de glorieux Le plus désolant, c'est que la situation risque d'empirer, surtout si les psychologues continuent d'être si peu nombreux (compte tenu de la demande) à pouvoir se mettre à l'écoute du « sens » qui se profile derrière le syndrome.

dénigrement, etc.) sont également très présents. Ces conduites vont jusqu'à faire l'objet de sanctions : menaces de renvoi ou de suspension. À côté de ces symptômes plus connus, s'en trouvent des plus discrets, des moins bruyants mais qui n'en sont pas moins dommageables pour le développement de l'enfant : sous-performance dans les devoirs ou dans les examens eu égard au potentiel (pourtant entrevu comme bon ou même excellent, ou confirmé comme tel par l'évaluation psychométrique), manque de motivation, chute dramatique dans les résultats (chez un élève pourtant capable de réussir convenablement quand ce n'est pas un enfant brillant), manque d'application, refus d'investir le travail scolaire, anxiété bien visible, etc. Ce sont là les principaux symptômes qui surgissent dans le cadre de l'école primaire ; l'un ou l'autre d'entre eux constitue généralement la sonnette d'alarme que l'enseignant va faire retentir aux oreilles des parents à la remise des bulletins, sinon dans des réunions commandées dans l'urgence par la direction de l'école.

Les difficultés manifestées en milieu de vie familial

Des difficultés que j'ai fait ressortir au titre de celles qui surgissent dans le milieu extra-familial, un grand nombre se retrouvent présentes dans le milieu familial. Certaines d'entre elles apparaissent dans les deux milieux pour un même enfant. Il en va ainsi par exemple des difficultés à maintenir sa concentration, du manque d'application ou de motivation, difficultés particulièrement visibles aux yeux du parent qui assume la tâche de faire accomplir les devoirs. Il en va également de la tendance à vouloir attirer et monopoliser l'attention de l'adulte (celle de la mère surtout), de la propension à « bouger énormément » et à être distrait, l'incapacité de prendre en compte les consignes pourtant claires. Très souvent, c'est suite aux remarques de la gardienne ou de l'enseignant que les parents prennent conscience de ces penchants, comme si leur propre appréciation de la situation avait été jusque-là biaisée ou neutralisée par une trop grande tolérance ou par l'habituation. Parmi les problèmes les plus fréquemment évoqués par les parents qui consultent pour leur enfant, il faut mentionner les conduites d'opposition, le refus de se soumettre à l'autorité, la tendance à « exploser » à la moindre frustration, l'habitude de faire des crises intenses, interminables, destructrices, et le recours fréquent à des accès de « violence » (à l'endroit de la mère, ici encore). Figurent en bonne place également, au niveau de la fréquence les conduites agressives ou belliqueuses de l'enfant à l'endroit des membres de la fratrie et la jalousie qui leur est souvent associée, les difficultés au niveau de l'interaction avec les pairs et la tendance à mentir ou à s'approprier les choses d'autrui.

Des parents peuvent eux aussi reconnaître le manque d'entrain de leur enfant, l'impression de tristesse qu'il dégage, l'anxiété ou encore la peur de tout et de rien qui très souvent semble l'habiter, une anxiété manifestement élevée au moment des occasions de séparation (le plus souvent d'avec la mère). L'un ou l'autre de ces symptômes figurent souvent au sein d'un syndrome de recherche d'affection ou d'attention assez étendu. Mais comme l'ont illustré les cas de Simone et d'Anaïs au chapitre précédent, l'anxiété au moment de la séparation d'avec les parents peut se rattacher à une tout autre dynamique. Des plaintes reliées soi-disant à telle ou telle partie du corps, plaintes dont des examens médicaux ne peuvent confirmer la relation à une condition physiologique sous-jacente, justifient quelquefois le recours à un psychologue. L'insécurité, la tendance à se dénigrer, le manque d'estime de soi peuvent également inquiéter les parents au point de les décider à consulter.

Des événements dramatiques sont susceptibles de provoquer une réaction post-traumatique, plus ou moins accentuée selon les cas. J'évoquerais ici le décès de l'un des parents, d'un frère ou d'une sœur ou la présence d'une maladie qui menace la vie d'un proche. La séparation des parents compte également parmi les facteurs qui peuvent fréquemment susciter la nécessité d'une consultation pour l'enfant, d'autant plus si le climat familial antérieur ou consécutif à cette séparation a été empoisonné ; un tel contexte place très souvent l'enfant en difficulté. Je me dois de mentionner ici que cette séparation peut impliquer un ex-conjoint qui, sans être le parent naturel de l'enfant, a néanmoins été très fortement investi par ce dernier sur le plan affectif au point d'avoir pratiquement acquis le statut d'une véritable figure paternelle ou maternelle. Beaucoup de parents redoutent les effets sur leur enfant de la séparation qui s'annonce ; ils prennent la précaution de recourir au psychothérapeute d'enfant avant même qu'elle ne se réalise concrètement. L'expérience d'un climat familial teinté de violence physique ou psychologique entraîne généralement des problèmes importants chez l'enfant, que cette violence l'ait visé ou non ; ces problèmes sont fréquemment une raison de référence en psychothérapie. La reconstitution du milieu familial, tout particulièrement l'arrivée d'un nouveau conjoint dans la vie du parent (du côté de la mère comme de celui du père), entraîne fréquemment une réaction marquée chez l'enfant, garçon ou fille ; cette réaction renseigne énormément sur une problématique qui était latente de toute façon, nous l'avons vu dans un cas au chapitre précédent

Au titre des expériences traumatiques, il faut bien évidemment penser à l'abus sexuel, que ce soit par un membre du milieu familial ou par quelqu'un de l'entourage (une personne de la parenté, un gardien, un voisin, etc.). Les enfants sexuellement abusés développent très fréquemment des symptômes post-traumatiques dont la levée dépasse les possibilités curatives des parents, même de ceux qui sont de très bons éducateurs. Ces enfants ont très généralement vraiment besoin d'une psychothérapie ; sinon, ils risquent de ne pas pouvoir retrouver l'état d'équilibre qu'ils avaient atteint avant l'expérience abusive ; ou encore, ils risquent de voir leur élan maturatif s'arrêter, si toutefois ils parviennent à éviter de régresser dans un mode de fonctionnement antérieur, un danger qui en menace plus d'un.

Ces motifs de référence constituent le lot principal de ceux qui fondent les demandes de consultation pour l'enfant. Ils sont assez communs. Il ne faudrait pas cependant s'y limiter. Il y a en effet toute une série de cas de figure que je pourrais décrire comme constituant des situations vraiment particulières. Des enfants font montre en effet d'habitudes ou d'attitudes qui sont hors de l'ordinaire. Voici quelques exemples. Un petit garçon fréquentant la garderie a la manie de toucher les pairs à un endroit vraiment inapproprié, sexuellement marqué, pourrais-je dire... Un autre, élève de maternelle, veut fréquemment sentir les fesses de ses compagnons de classe et leur demander, pour ce faire, de baisser leurs pantalons. Un troisième, légèrement plus vieux, refuse de toucher ou de laver son pénis disant qu'il a mal quand il le touche, affirmant qu'il n'en veut plus, qu'il voudrait avoir un vagin[32]... Un quatrième, du même âge que le précédent, verbalise vouloir être une fille ; il ne s'amuse qu'avec des poupées « barbies », qu'il adore peigner, ce qu'il fait inlassablement ;

32 Ce garçon œdipien (nous le savions suite à l'analyse de ses productions en séance) adressait en fait par son symptôme un message à ses deux parents : « Maman, je veux un rapport intime avec toi » et « Papa, tu n'as rien à craindre de moi ; j'aimerais mieux avoir un vagin de toute façon ». Contrairement à tous les cas évoqués dans cet ouvrage (dont la thérapie a été menée à terme ou est en voie de l'être au moment de cette rédaction), ce cas a vu sa thérapie s'arrêter pour une raison purement circonstancielle : la grande distance entre le lieu de domicile de la famille et celle du cabinet du psychologue.

il fuit la compagnie des pairs masculins, ne se tenant qu'avec des filles. Une petite fille du même âge se comporte comme une petite obsédée des questions sexuelles : on doit l'avoir à l'œil, car si on ne le fait pas, on risque de la retrouver avec un garçonnet plus jeune les culottes baissées. Comme tous les enfants impliqués dans les situations décrites dans les pages qui précèdent, ces garçons ou filles ont besoin d'être écoutés et de l'être par quelqu'un capable de les entendre au fin fond d'eux-mêmes, sans les juger, sans vouloir les admonester, et peut-être même, sans avoir à « rentrer dans les détails » de ce qu'ils ont fait ou subi ; de telles conditions n'empêcheront pas la psychothérapie de suivre son cours et de donner tous les bénéfices qu'on attend d'elle.

Ces illustrations ne font certainement pas un tour complet des motifs qui conduisent les parents à faire appel au psychothérapeute d'enfants. Mais elles précisent assez bien, du moins je l'espère, l'idée qu'on peut s'en faire. La revue de ces motifs aura certainement valu la peine si elle contribue à décider ne serait-ce qu'un petit groupe de parents, jusque-là hésitants, à consulter pour leur enfant manifestement en difficulté ; elle aura valu la peine si elle les fait agir aussitôt que possible, de manière à limiter les dommages que risque d'entraîner chez leur fils ou leur fille l'affaissement ou la neutralisation de son élan maturatif.

Chapitre sixième

Quel psychothérapeute choisir

Les professionnels qui s'affichent comme psychothérapeutes d'enfants sont légion, si l'on se fie aux données publicitaires qui figurent dans les bottins téléphoniques, à tout le moins si l'on habite dans une ville de moyenne dimension au moins. Bien sûr, les choses se présentent différemment dans les petites villes sises à distance des grands centres, où la pénurie des praticiens de l'enfance épouse une dimension qui n'a rien à envier à celle des médecins de famille. Mais au-delà de l'abondance ou de la rareté de l'offre, il y a également le degré de spécialisation. Bon nombre de praticiens, en effet, se présentent comme spécialistes d'à peu près toutes les clientèles et d'à peu près tout ce qui constitue l'éventail des problèmes essentiels d'une population, quel que soit l'âge de ses membres. Je proposerais ici une ironie bien connue : la compétence affichée, c'est comme la confiture : plus on sent le besoin de l'étaler, plus elle est mince...

Pour choisir un psychothérapeute qui va vraiment pouvoir sortir un enfant rapidement et durablement du pétrin affectif dans lequel il se trouve, il faut pouvoir compter sur un certain nombre de critères. Je vais en proposer quelques-uns dans les pages qui suivent, avec l'espoir qu'ils puissent guider les parents dans leur recherche. Bien évidemment, ces critères vont se situer dans le droit fil de ce que les chapitres précédents ont fait apparaître. Ils vont notamment insister sur la capacité du psychothérapeute de dépasser le niveau des symptômes pour tenir compte de la dynamique qui les sous-tend et du mode de fonctionnement affectif qui est celui de l'enfant ; ils vont également insister sur la capacité du psychothérapeute de saisir et de décoder le « langage » que l'enfant utilise dans et par son jeu, langage qui témoigne du sens de sa protestation ou de son appel à l'aide. Ce faisant, je risque bien sûr de m'attirer le reproche de chercher à « prêcher pour ma paroisse », particulièrement de la part de ceux qui pourraient se sentir exclus ou encore attaqués dans leur prétention de psychothérapeute. Qu'on me comprenne bien : je n'ai pas consacré autant d'efforts et d'application dans les chapitres précédents à la démonstration du caractère indispensable de la psychothérapie par le jeu pour aboutir ici à une appréciation des « compétences » disponibles sur le marché correspondant à « tout le monde, il est beau, tout le monde, il est fin, tout le monde, il est gentil... » ! Il faudra bien qu'on s'y fasse... ou qu'on passe à autre chose... Cela étant, deux types de source d'information vont retenir mon attention dans ce court chapitre, la publicité écrite et le « bouche à oreille ».

La publicité écrite

Le bottin téléphonique est, la plupart du temps, le premier document que les parents consultent quand ils ont convenu de faire accéder à une mesure d'aide leur enfant en difficulté. Un rapide survol de ce qui apparaît sous les termes « psychologue » et « psychothérapeute » permet de constater qu'il y a beaucoup de professionnels qui incluent les enfants dans leur clientèle cible. Beaucoup de psycho-éducateurs sont inscrits sous la catégorie « psychothérapeutes » ; à moins d'y avoir spécifiquement été formés, phénomène vraiment rare (à tout le moins en pratique privée), ces professionnels ne peuvent se mettre à l'écoute de l'enfant et échanger avec lui dans les termes que j'ai décrits dans les chapitres précédents. Ils n'ont pas appris à décoder le matériel symbolique ou allégorique produit en séance et à en faire usage en situation seul à seul avec l'enfant ; ils n'ont pas appris à assurer la remise en route de l'élan maturatif en s'appuyant sur ce travail et ces productions, autrement dit à œuvrer au niveau de la dynamique qui se profile derrière les symptômes. S'ils prétendent faire de la « psychothérapie », c'est qu'ils utilisent ce terme pour désigner un style d'intervention qui est dans le prolongement de celui que réalisent les parents. Ils sont en réalité des « parents par fonction vicariante », c'est-à-dire qu'ils actualisent la présence d'un bon parent en dehors du milieu parental, par exemple, à l'école, en milieu parascolaire, en centre jeunesse, etc. S'ils œuvrent auprès des parents en milieu familial, ils le font à titre de conseillers éducatifs ; s'ils le font auprès des enfants dans ce milieu, ils agissent à titre de figures parentales complémentaires. Je n'affirme en rien que ces fonctions n'ont pas leur importance, bien au contraire ; je veux simplement dire que la formation universitaire reçue par ces professionnels ne les a pas préparés à œuvrer comme psychothérapeutes au <u>sens strict du terme</u>[33], selon les vecteurs que j'ai rappelés ci-dessus[34].

Des « psychothérapeutes » psycho-éducateurs, je passe aux psychologues qui font de l'intervention auprès des enfants. Comment, à leur sujet, repérer ceux qui font vraiment

33 À ceux qui seraient tentés de soutenir que je ne connais pas suffisamment le champ de compétence des psycho-éducateurs, je me permets de mentionner que j'ai dirigé pendant près de quatre ans le module de psycho-éducation de mon université et que j'y ai mené une modification de programme qui a porté sur plus des quatre cinquièmes des enseignements. Si je m'en tiens à la teneur actuelle de ce programme, l'essentiel de cette modification subsiste encore à ce jour.

34 On pourra offrir l'argument suivant comme objection à cette position : « Combien de psychologues font de la psychothérapie selon ces termes précisément ? Je répondrais que c'est en effet une bonne question : trop de psychologues pour enfants ou pour adolescents travaillent selon des modalités qui sont exactement celles d'un éducateur ; en témoignent le nombre d'entre eux qui sont adeptes du « coaching familial » ou du « coaching éducatif (auprès d'enseignants, d'éducateurs etc.) », un style d'intervention qui rejoint parfaitement celui de conseiller éducatif ou de « bon parent par procuration ou par fonction vicariante » pratiqué par les psycho-éducateurs. Plusieurs de mes anciens collègues professeurs du département de psychologie pourraient témoigner de mes critiques concernant cette « psycho-éducationalisation » de la pratique psychologique et même, de la formation des futurs psychologues. Ici encore, je prends soin de dire que ma position ne veut en rien déprécier la pertinence et l'importance du rôle des psycho-éducateurs dans des situations données, dans un très grand nombre de situations données, en fait.

de la psychothérapie par le jeu ? Dans ma région, plusieurs présentent leurs services sous ce titre. Je sais qu'il en va de même dans beaucoup de régions. Je serais surpris que des psychologues puissent se risquer à annoncer une telle forme de pratique sans avoir la compétence pour l'exercer[35]. À vrai dire, je n'en connais point dans ma ville pour qui ce serait le cas ; mais il est vrai que j'ai vécu ici ma carrière de professeur et de superviseur (pendant plus de trente ans) et que je connais pratiquement tous ceux qui s'annoncent comme tel. De toute manière, les parents, qui connaissent maintenant un peu mieux les tenants et aboutissants de la psychothérapie par le jeu, pourraient se permettre de vérifier à l'aide de quelques questions si le psychologue qui se présente en tant que tel maîtrise réellement son art. J'y reviendrai ultérieurement.

Il y a une troisième catégorie de psys qui apparaît dans les pages jaunes, celle des psychanalystes. Leur mention est nettement rudimentaire, généralement : elle n'indique pas à quel type de clientèle le professionnel consacre sa pratique. En principe, les membres de la Société canadienne de psychanalyse souscrivent à une vision du développement identique ou comparable à celle que j'ai exposée[36]. Il paraît dès lors probable qu'en général, leur pratique de l'analyse en soit très marquée et donc que dans la psychanalyse d'enfants,

35 Il en va de même, par exemple, de la pratique de l'hypnose : je ne vois pas comment un professionnel sérieux pourrait s'annoncer comme hypnothérapeute sans maîtriser cette pratique. S'il s'en trouvait, les gens qui auraient l'imprudence ou la naïveté de recourir à leurs services se rendraient rapidement compte de leur fausse représentation. Comme je maîtrise bien les deux modalités d'intervention pour les avoir pratiquées pendant longtemps, je suis en mesure d'affirmer que la maîtrise de la psychothérapie par le jeu implique un apprentissage infiniment plus long que l'hypnose.

36 Il n'y a pas de surprise à cela, car les vues que j'ai présentées au sujet du développement affectif et de l'évolution ultérieure des enfants selon leur fixation à l'une ou l'autre des périodes de l'enfance proviennent des grands théoriciens de la tradition psychanalytique : S. Freud, K. Abraham, D.D. Winnicott, J. Bergeret, R. Misès, F. Tustin, pour n'en nommer que quelques-uns. Je me considère issu de cette tradition, qui m'a porté, qui m'a nourri et qui m'a permis de devenir ce que je suis personnellement et professionnellement.

ils prennent un très fort appui sur le jeu spontané[37]. Mais la question est de savoir précisément dans quelle mesure tel ou telle psychanalyste consacre du temps à la pratique infantile, car il faut être ou avoir été impliqué dans beaucoup de cas d'enfants pour pouvoir y œuvrer à l'aise et de façon efficace[38]. Et, sujet ô combien délicat, il faut vérifier le montant des honoraires et les comparer avec ceux d'un psychologue qui maîtrise l'art de la psychothérapie par le jeu...

Il est fréquent qu'au moment de lancer sa pratique infantile, un psychologue fasse usage d'un feuillet publicitaire pour préciser aux personnes de référence (collègues psychologues, médecins de famille, pédiatres, etc.) la nature de la perspective dont il s'inspire ou la tradition dans laquelle il inscrit sa pratique. Il peut être fort utile pour les parents de chercher à vérifier si le psychologue avec lequel ils entrent en contact pour leur enfant peut leur fournir un tel document.

Enfin, sources d'information non négligeables sont les renseignements accessibles sur Internet, par exemple sur le site web de la Société canadienne de psychanalyse (Montréal), sur celui de l'Ordre des psychologues du Québec ou encore sur celui de l'Association des psychothérapeutes psychanalytiques du Québec.

37 Ils s'appuient également sur l'analyse des effets de transfert (que rend possible l'aménagement du cadre de la relation entre eux et l'enfant, notamment par son caractère indéterminé). J'ai précisé antérieurement ce que désigne cette expression *effets de transferts* ; je reproduis ici cette précision : expression de sentiments, d'impressions, de désirs ou de besoins qui se rattachent à des personnes significatives de l'environnement affectif actuel ou passé de l'enfant ; en séance de thérapie, quand ils apparaissent et visent le thérapeute, ces sentiments, impressions, désirs ou besoins sont donc dits *transférés* de ces personnes significatives au thérapeute.

38 Il semble que de moins en moins de psychanalystes de la Société Canadienne (Montréal) s'impliquent dans la pratique auprès des enfants. Si cela était vrai, ce serait bien dommage, car cette pratique éclaire tellement celle menée auprès des adultes.

Le bouche à oreille

Beaucoup de parents contactent un psychothérapeute sur la base de renseignements reçus d'un proche ou d'une personne de leur connaissance qui a déjà bénéficié de ses services. Ces références du type « bouche à oreille » dépassent en nombre, probablement très souvent, celles qui viennent suite à une consultation du bottin ou d'un site web. En principe, ce type d'informations reçues d'une personne connue – ou connue par un proche – peut être valable. Je préciserais que cette information doit se rattacher à un cas dont la psychothérapie est suffisamment avancée pour qu'on ait pu être en mesure d'évaluer l'efficacité réelle du professionnel. En réalité, plus ce processus est avancé et satisfaisant pour les parents et l'enfant, plus la référence est prometteuse, ce qui n'enlève pas la pertinence de vérifications complémentaires. Si cette intervention en est à ses débuts, l'information ne vaut guère plus que ce qu'annoncent la plupart des mentions présentes dans le bottin, sauf celles, bien entendu, qui indiquent de manière explicite l'utilisation du jeu comme médium d'expression.

Les parents en besoin de consultation pour leur enfant doivent savoir que les psychothérapeutes qui travaillent dans une même perspective ou selon une même orientation pratique se connaissent entre eux. Si ce n'est pas le cas, ces professionnels sont capables de reconnaître ceux de leurs collègues avec lesquels ils ont des affinités théoriques et pratiques et ce, au-delà des limites d'une même ville. Dans une même région, un réseau peut se former à l'intérieur duquel on réfère à des collègues professionnels reconnus comme compétents les demandes de thérapie ou d'évaluation qu'on ne peut assumer, compte tenu de la longueur de sa liste d'attente. À ce réseau viennent souvent se greffer des psychologues récemment arrivés dans le monde de la pratique qui, eux aussi, peuvent offrir des services psychothérapeutiques de grande qualité, puisqu'ils travaillent sous la supervision d'un psychothérapeute d'expérience. Il y a donc, dans ces phénomènes de « réseautages » spontanés, des possibilités d'information et d'orientation pour le repérage d'un psychothérapeute compétent ou pour la vérification des compétences de celui qu'on a choisi sans n'en rien savoir ou au hasard de ce qui s'offrait dans le bottin.

En concluant ce court chapitre, je suis bien conscient que je n'ai pas encore évoqué des éléments utilisables éventuellement pour vérifier la compétence réelle de celui à qui l'on confie son enfant en difficulté. Le chapitre huitième va me donner l'occasion de progresser encore plus dans cette tâche d'information, puisque nous y ferons le tour des attentes que les parents doivent avoir au sujet de la thérapie de leur enfant. Mais auparavant, dans le chapitre qui suit, le septième, il nous faut considérer les attentes que le psychothérapeute par le jeu a normalement à l'endroit des parents.

Chapitre septième

Ce que le psychothérapeute attend des parents

Quand ils se rendent à leur premier rendez-vous, les parents sont surtout préoccupés par ce que le psychothérapeute va leur dire au sujet des difficultés de leur enfant. On peut présumer que leur pensée oscille le plus souvent entre, d'une part, la crainte de ne pas avoir été à la hauteur sur un point ou sur un autre à la maison et, d'autre part, l'espoir que le professionnel qu'ils vont rencontrer va les aider à mettre fin à la passe difficile que leur enfant se trouve à traverser. Généralement, ils ne sont pas enclins à penser à ce qu'on va exiger d'eux, non seulement au niveau des façons de se comporter avec l'enfant, mais aussi et surtout en ce qui a trait aux attitudes qu'il leur faudrait idéalement maintenir face au thérapeute et à son travail ; on peut considérer la chose comme normale, puisqu'il s'agit pour la majorité d'entre eux d'une situation inédite. Peut-être même, par moments, seront-ils tentés de croire en leur for intérieur que pour l'essentiel, le sort de l'enfant va reposer dans les mains du psychothérapeute. Il arrive, bien que ce ne soit heureusement pas très fréquent (dans la pratique privée, à tout le moins), que le psychothérapeute « tombe sur » des parents vraiment portés sur la déresponsabilisation ; ceux-là donnent l'impression d'être habités par le même état d'esprit que celui que nous avons quand nous conduisons notre voiture chez le garagiste pour une remise en état : « Vous nous appellerez quand ce sera prêt », les entend-t-on presque dire.

Pour vraiment pouvoir atteindre ses objectifs, la psychothérapie va devoir compter sur une grande implication des parents. Je pourrais même dire que là où elle est indiquée, elle sera habituellement d'autant plus facile à réaliser que les parents auront accepté de s'impliquer vraiment et durablement, qu'ils auront accepté, en somme, d'appliquer les orientations qui se seront imposées dans les échanges avec le psychothérapeute. Cette implication suppose la présence d'attitudes ou de dispositions que je décrirai sous les titres suivants : consensus et cohérence entre les parents, transparence avec le psychothérapeute, respect de l'« espace relationnel » enfant – thérapeute, confiance dans le psychothérapeute et dans le processus. Voyons ce à quoi renvoient chacun de ces titres.

Consensus et cohérence entre les parents

La plupart des parents qui consultent le psychothérapeute pour leur enfant se sont mis d'accord sur la pertinence de la démarche avant même d'engager le contact par téléphone. Le degré de participation de chacun à la première rencontre, ainsi qu'à toutes les autres qui vont suivre, témoigne de la qualité de la motivation et de la bonne disposition de chacun d'eux. Ce sont là des conditions idéales et il est certain que celles-ci vont avoir un effet déterminant pour la réussite de l'intervention auprès de l'enfant ; elles influeront certainement sur le rythme de l'évolution de celui-ci et sur la durée de sa psychothérapie.

Malheureusement, ces conditions ne sont pas toujours présentes d'entrée de jeu. Beaucoup de parents se présentent au premier rendez-vous sans que ce consensus n'ait été établi. Le désaccord relatif s'affiche par l'absence de l'un d'eux, presque toujours le papa. D'autres papas tentent de cacher leur résistance : ils peuvent accepter de venir à cette première rencontre mais ils le font de mauvais gré ou en se traînant les pieds. Souvent, avant d'accepter finalement de venir, ils auront confié à leur épouse l'argument qu'ils ont bien du « mal à croire en ces choses-là »... Ils peuvent en effet désigner ainsi la psychothérapie de l'enfant, comme si celle-ci s'apparentait à une « foi religieuse » ou qu'elle relevait du domaine des sciences occultes !!! Il faut être patient, car ce n'est pas nécessairement une position qui pourrait durer longtemps ou qui augurerait mal pour la suite. Beaucoup de parents seront, dès la première rencontre, impressionnés par le savoir-être et le savoir-faire du clinicien, ce qui contribuera à faire évoluer leur motivation. Il arrive fréquemment aussi que lors de ce premier contact, un lien soit établi entre tel événement ou telle conduite de leur part et telle ou telle réaction ou parole de leur enfant, et même avec d'autres réactions de sa part non incluses dans les symptômes initialement présentés. Cette conjoncture peut avoir un effet significatif ; elle peut susciter l'espoir, quand ce n'est pas l'enthousiasme. À la seconde rencontre avec les parents, après que l'enfant ait été vu deux ou trois fois, le clinicien est normalement en mesure de décrire le monde intérieur de l'enfant, de préciser là où, vraisemblablement, il campe dans son développement ; il est désormais capable de dégager ce qui se profile en terme de dynamique derrière les symptômes, de faire émerger le « sens » caché derrière ceux-ci, en somme. C'est à ce moment-là, le plus souvent, que la résistance « rend ses armes », que le port de tête du parent résistant perd de sa superbe ou que sa mâchoire retombe quelque peu... Ce parent sceptique au départ accepte de « prendre le train en marche », laissant sur le quai de la gare le bagage devenu encombrant de ses objections de la veille.

Parler ainsi, c'est décrire l'attitude de ces parents qui, plus tôt que tard, se seront mérité le droit de figurer parmi les meilleurs cas de figure, y rejoignant ceux qui étaient d'emblée convaincus dès avant la première séance de la pertinence ou de la valeur de la démarche. Dans d'autres cas, les choses ne sont pas aussi simples ; la résistance ou le manque de consensus peut être larvé : le conjoint récalcitrant vient, mais il oppose une résistance passive sous une attitude apparente de bonne disposition. C'est souvent la situation qui prévaut quand les parents se sont séparés ou divorcés et que l'un des ex-conjoints n'a pas accepté cette issue de leur vie maritale. Ici encore, et j'ai le regret de le dire, ce sont souvent des papas. Le parent de ce type donne l'impression de surveiller ce qui émerge des échanges pour y trouver des munitions utiles pour éventuellement mettre en difficulté l'ex-conjoint, pour se venger de la fin de l'union qui a été provoquée sans son acceptation, pour préparer le dossier d'un demande de garde[39], etc. Bien inconfortable que cette situation, qui, généralement, ne peut être rapidement résolue ; car, si le thérapeute cherche à dénouer l'impasse, il fera face à la dénégation de ce parent ou encore il suscitera son hostilité, ce qui pourra mettre une hypothèque sérieuse sur la poursuite de la thérapie et laisser l'enfant à sa souffrance.

Dans ce cas, le psychothérapeute n'a d'autre choix que d'être patient et espérer un changement d'attitude ; il doit espérer que le parent prenne conscience que ce sont les besoins affectifs de l'enfant qui doivent primer sur toute autre considération, qu'on doit faire consensus au sujet de ce qui est le plus objectivement souhaitable pour la remise en route de son élan maturatif. Quelquefois, cette « conversion » prend place et l'évolution de l'enfant ne met pas de temps à en témoigner ; la stagnation de la thérapie trouve très souvent son explication dans le « travail de sape » du parent à l'esprit vengeur ou égoïstement revendicateur du droit de garde. Il y a des situations encore plus délicates à surmonter. Je pense notamment à ces cas où la thérapie ayant pu se mettre en place malgré l'absence de consensus, le conjoint récalcitrant pratique une stratégie plus ou moins ouverte d'aliénation

39 Il importe de le signaler en passant : il est fortement recommandé aux parents de ne pas faire citer à comparaître le psychothérapeute de l'enfant dans un conflit de garde. Si celui-ci est appelé, il est inévitablement vu comme prenant parti (pour ou contre) par l'un des parents. La psychothérapie est dès lors mise en péril et l'enfant risque d'en payer le prix.

parentale. Il peut tenter de profiter du fait qu'étant à distance relative de l'enfant, celui-ci ressent son absence dans son environnement de tous les jours. Cette distance relative peut aussi permettre à l'enfant d'oublier ses côtés négatifs, jadis difficilement supportables, de l'idéaliser en quelque sorte et ainsi de le gratifier d'une force de persuasion accrue à son endroit. Le parent aliénant oublie complètement que pour bien se développer, un enfant a besoin dans le meilleur des cas de parents qu'il aime et qu'il estime. Il oublie également qu'un parent en situation monoparentale peut obtenir de très beaux résultats dans sa tâche éducative en allant chercher autour de lui les ressources qui vont permettre à l'enfant de surmonter les effets de l'absence ou de l'attitude irresponsable, sinon perverse, du parent à distance. Il oublie qu'à long terme, son attitude risque (par un effet boomerang) de lui aliéner complètement l'affection et la considération de son enfant.

Supposons que les choses aillent suffisamment bien et que le consensus puisse exister ou s'établir entre les parents au sujet de la psychothérapie. L'esprit d'ouverture derrière le consensus doit se traduire ou se transformer en cette condition particulière que je nommerai ici *la cohérence entre parents*. Les échanges que le père et la mère auront avec le thérapeute au sujet des difficultés de l'enfant et du sens de ses conduites vont permettre de dégager des pistes à suivre au niveau des réactions et des attitudes qu'il leur sera souhaitable d'adopter en présence de l'enfant, qu'ils soient encore conjoints ou non. La cohérence entre les parents en regard de ces réactions et attitudes va, dès lors, revêtir une grande importance. Si l'un des deux parents se relâche dans les orientations convenues, l'autre va devoir composer avec les inconvénients que ce relâchement aura entrainés chez l'enfant. Celui-ci sera tenté par la manipulation : il essayera de justifier des demandes reconnues en rencontre comme déraisonnables en prétendant qu'avec papa ou avec maman, les choses se passent toujours comme cela. Si l'on n'y prend garde, la situation pourrait rapidement devenir inconfortable pour le parent discipliné et absolument défavorable pour l'évolution de l'enfant. Bon nombre des thérapies qui stagnent sont marquées par un tel manque de cohérence entre parents.

La nécessité de la cohérence au sujet des orientations convenues avec le psychothérapeute s'impose également en regard de chacun des parents pris individuellement. Si le consensus s'est établi au sujet de la nécessité pour le parent d'éviter de dormir dans le même lit que l'enfant, il faut que ce parent soit conséquent et qu'il réorganise au plus vite ses conditions de vie pour que cette situation cesse. Il faut que le parent accepte d'étendre à l'ensemble de son rapport avec son enfant le sens de cette orientation. L'exemple qui me vient ici est celui d'une maman qui concédait qu'il ne fallait pas qu'elle continuât à dormir avec son fils œdipien, mais qui refusait de renoncer aux bains pris en commun avec lui sous prétexte qu'elle avait besoin de lui pour qu'il lui brosse le dos !!! Après des mois de thérapie, nous en étions au même point avec cet enfant : il était absolument incapable de renoncer à son projet d'être l'homme de sa maman. Celle-ci aurait eu besoin d'être aidée personnellement, mais elle n'était absolument pas ouverte à cette perspective. Il y a quelquefois des situations sans issue...

Transparence avec le psychothérapeute

La transparence figure elle aussi parmi les attitudes les plus fondamentales que les parents doivent manifester dans leur rapport avec le psychothérapeute, de la première à la dernière rencontre qu'ils auront avec lui. Pour apparaître, cette transparence repose sur des conditions externes et des conditions internes. Au nombre des conditions externes figurent les attitudes du psychothérapeute, notamment sa capacité d'écoute et d'empathie. Il y en a d'autres ; je me pencherai sur leur sujet au chapitre suivant. Il y en a une, cependant, qui ne relève pas du thérapeute et qui a néanmoins toute son importance. Il s'agit de l'absence de l'enfant. Dans la perspective qui est décrite et proposée ici, seuls les parents sont en effet convoqués à la première rencontre et il devrait en être de même jusqu'à la dernière, celle du bilan de thérapie. Pourquoi l'enfant ne peut-il être présent, au moins à la première ? D'abord, il n'est pas dit que cette rencontre qui permet de faire un premier tour de la problématique va nécessairement déboucher sur une décision de thérapie. De plus, l'enfant pourrait très bien ne pas savoir, au moment de cette rencontre, que la thérapie est envisagée pour lui. Ensuite et surtout, il faut s'assurer que les parents puissent profiter de l'espace d'expression le plus large possible. La présence de l'enfant rétrécirait considérablement cet espace, et les bénéfices qu'on prétendrait en tirer sont facilement et rapidement contrebalancés par ses désavantages. Les parents doivent être le plus à l'aise possible pour décrire les difficultés de l'enfant, le moment de leur apparition, la présence éventuelle d'un événement déclencheur, l'évolution des symptômes, la réaction des parents, la sanction des conduites répréhensibles, etc.

Telles ne sont pas là les seules informations que le psychothérapeute va chercher à faire jaillir. Les confidences sont susceptibles de porter très rapidement sur tout un ensemble de données très pertinentes pour le repérage le plus hâtif possible du mode de fonctionnement affectif de l'enfant ; ce repérage est indispensable, je le rappelle, pour que soit bien cerné le « terrain » sur lequel le travail thérapeutique va pouvoir s'engager. Il en va ainsi, par exemple, des événements qui ont constitué, selon les parents, des moments significatifs du développement de l'enfant, des difficultés qu'il a traversées, de leur nature et de leur moment d'apparition, etc. Il peut arriver que les échanges fassent surgir la mention des périodes de crise traversées par le couple, des difficultés personnelles rencontrées par l'un ou par l'autre parent ; ces périodes de crise ou difficultés peuvent très bien avoir influé sur le développement de l'enfant et sur la genèse de sa situation problématique. Chacun des parents peut aussi être invité à décrire plus en détails l'un ou l'autre aspect de sa vie infantile ou adolescente qui a été effleuré dans l'échange. Pourrait-il le faire avec autant d'aise si l'enfant était là ? Celui-ci serait-il vraiment prêt à entendre ces informations et à les intégrer sans être davantage perturbé qu'il ne le serait déjà ? Comment le psychothérapeute pourrait-il en être assuré, puisqu'il ne connaît encore en toute assurance ni son niveau de développement, ni les ressources et les faiblesses qui lui sont rattachées ? Et il y a encore bien d'autres types d'informations tout à fait importantes qui ne pourraient faire surface dans cette première rencontre si l'enfant y était ; à ce titre, on peut citer celles concernant la possibilité de sollicitations « amoureuses » inconscientes que l'un des deux parents a exercées ou exerce à l'endroit de l'enfant (de sexe opposé), ou encore les informations portant sur des réactions possibles de l'autre parent aux manifestations de compétition ou d'opposition de l'enfant, si celui-ci est du même sexe.

Il y a des conditions externes qui peuvent offrir aux parents de meilleures possibilités de transparence ; il y a aussi des conditions internes, rattachées au degré d'ouverture du couple lui-même. Il y aurait sans doute possibilité de donner les composantes de cette « ouverture ». Je ne m'y emploierai pas ici, parce qu'une telle entreprise risquerait de devenir rapidement quelque peu ennuyeuse. Je vais plutôt m'appuyer sur un cas concret pour illustrer mon propos. Mais avant d'y venir, je ferai les remarques suivantes : les parents doivent avoir pour conviction que les « secrets de famille » qu'il est essentiel au psychothérapeute de connaître pour la compréhension des difficultés de leur enfant, ce dernier va très souvent finir par en révéler l'existence ; il le fera par son jeu ou par des confidences spontanées dans un lieu ou à des moments où il ne pourra s'empêcher de parler. Une fois ces secrets mis à nu ou sur le point de l'être, les parents pourraient ressentir un réel malaise de ne pas les avoir révélés dès le départ ; ils pourraient alors avoir bien envie de mettre fin à la thérapie de l'enfant ou le faire tout simplement, ce qui serait vraiment malheureux pour l'enfant.

Pour illustrer ces points, j'ai à l'esprit une situation familiale tout à fait singulière que j'ai évoquée dans un ouvrage antérieur[40] et qui, parce qu'elle est pleine d'enseignement, mérite d'être racontée ici. Lors de ma toute première année à titre de superviseur, il y a trente ans, l'un de mes étudiants assumait le cas d'un enfant de 7 ans qui était aux prises avec de graves difficultés scolaires, des difficultés d'attention, de l'hyperactivité (sans doute serait-il aujourd'hui identifié comme un TDA/H !), en dépit d'un potentiel intellectuel tout à fait intéressant. Cet enfant était en fait incapable de tout effort de concentration un tant soit peu soutenu. Il avait abouti dans une école spéciale, réunissant les élèves présentant un trouble sérieux d'apprentissage. En séance de psychothérapie, il se comportait manifestement comme quelqu'un qui fuyait la communication en profondeur. Dans le groupe de mes supervisés, une situation vraiment singulière prévalait alors : l'un des trois autres étudiants du groupe se trouvait à remplir le rôle de surveillant des élèves pour le temps du dîner dans l'école que fréquentait l'enfant. Celui-ci ignorait tout des activités académiques de son éducateur surveillant ; il ignorait tout particulièrement que ce dernier connaissait

40 Il s'agit d'*Initiation à la pratique psychothérapeutique auprès de l'enfant* (Bossé, 2003), pp. 158-159.

sa psychothérapeute et qu'il participait chaque semaine à la même activité de supervision qu'elle, ayant à assumer des enfants en thérapie dans son propre lieu de stage. Nous eûmes très rapidement à faire face à la situation suivante : l'enfant cherchait le contact avec l'éducateur pour aborder avec lui ce qui aurait dû l'être avec sa thérapeute, ce qu'il n'osait faire, sachant que celle-ci voyait ses parents de temps à autre. Je me souviens par exemple qu'il manipulait son hot dog d'une manière particulière en disant : « Regarde, Pierre ; c'est comme une tombe, avec un mort dedans ». À la rencontre suivante avec les parents, ceux-ci furent mis au fait de la difficulté de l'enfant à parler spontanément ; il leur fut notamment demandé s'ils étaient bien d'accord avec la démarche de thérapie et si quelque interdiction de parler avait été donnée à l'enfant. Je ne me rappelle pas si c'est à cette rencontre ou ultérieurement que les parents en vinrent finalement à confier quelque chose qui était loin d'être banal : trois ans plus tôt, cette famille avait vécu un véritable drame ; une petite fille qui y avait été placée en foyer nourricier depuis quelque temps (pour plus d'un an au moins, si je me rappelle bien) avait perdu la vie dans un accident d'auto alors que le père (nourricier) allait la reconduire chez sa mère naturelle. Tous les membres de la famille s'étaient fortement attachés à cette fillette décrite comme absolument adorable, tout particulièrement le petit garçon, qui avait fait d'elle la compagne de tous ses jeux (les deux enfants avaient sensiblement le même âge). Aux prises, comme leurs enfants (cette famille comportait un autre enfant plus vieux), avec un chagrin épouvantable et devant la perspective d'un deuil extrêmement douloureux, les parents énoncèrent, dès le retour à la maison après les funérailles, la consigne que désormais il n'était permis à personne de faire allusion à l'enfant disparu. Cette pratique commune avait empêché chez tous la liquidation d'un grand chagrin et avait singulièrement handicapé le jeune garçon dans son cheminement scolaire.

Probablement depuis un bon moment déjà, celui-ci cherchait à assouvir son besoin de parler de cette épreuve avec des gens qui n'avaient aucun contact direct avec les parents et qui, de ce fait, ne risquaient pas de leur rapporter son manquement à la consigne. C'est certainement quelque chose qui survient à l'occasion. Il y a toujours, de toute façon, un drame qui se cache derrière un syndrome du genre de celui que présentait cet enfant. Le plus désolant, c'est que ces enfants ne trouvent pas sur leur chemin quelqu'un capable de décoder le message qu'ils tentent pathétiquement de livrer pour qu'on les libère de leur souffrance. Ce qui est particulier dans le cas de ce garçon, c'est que nous pûmes profiter d'une circonstance tout à fait exceptionnelle pour prendre conscience de son chagrin, de sa quête d'être entendu, quête maintenue très vive en dépit de l'interdiction parentale.

J'ai affirmé plus haut que, dans la meilleure des conjonctures, que les parents soient transparents ou non, l'enfant va finir par révéler l'existence du « secret de famille ». Mais le temps qu'il aura mis à le faire, le temps qu'on aura mis, dans le meilleur des cas, à le découvrir dans son expression métaphorique ou imagée, sera irrémédiablement perdu alors qu'entre-temps, les dommages auront continué de s'accumuler. Une psychothérapie peut régler bien des choses mais, selon mon expérience, elle ne règle pas *ipso facto* le problème du retard scolaire consécutif à l'arrêt ou à l'affaissement de l'élan maturatif sur le plan affectif, surtout si ce retard court sur une année et demie ou deux (des mesures particulières doivent être alors mises en place en temps opportun pour assurer cette récupération). Le temps gagné par les parents en étant aussi transparents qu'ils le peuvent et aussi tôt qu'ils le peuvent est si important pour la remise en route rapide de cet élan ; il l'est aussi pour assurer à la thérapie ses meilleures chances possibles de réussite et pour permettre à l'enfant d'accéder au niveau de maturité et d'équilibre qui devrait être le sien à son âge. En outre, il importe que les parents soient transparents pour limiter les dégâts au niveau du cheminement scolaire et pour donner à l'enfant les meilleures chances possibles de récupérer son retard dans ce domaine. Cela est important, en somme, pour que l'enfant puisse se mettre sur la voie d'assurer le meilleur épanouissement possible à son potentiel affectif et intellectuel.

Respect de l'« espace relationnel » enfant - psychothérapeute

Plutôt délicat est le contenu que j'entends livrer sous ce titre, car il y a risque que des parents en soient quelque peu décontenancés. Il me faut d'entrée de jeu préciser un certain nombre de choses et puis, éventuellement, revenir à quelques-unes des positions que j'ai présentées dans les chapitres précédents.

Tout d'abord, par l'expression *« espace relationnel » enfant - psychothérapeute*, je désigne la relation entre ceux-ci dans le cadre de son occurrence : chaque semaine, l'enfant est reçu par son thérapeute dans un lieu qui est toujours le même, la salle de thérapie. L'expression ne vise rien d'autre. C'est donc dire que les parents peuvent fort bien échanger avec l'enfant sur ce qui est survenu dans ce lieu autant que celui-ci le désire ou l'accepte. C'est dire également que le psychothérapeute ne sera d'aucune manière gêné de rencontrer les parents mensuellement (ou presque) pour échanger avec eux sur ce qui se passe dans les différents milieux de vie de l'enfant, sur des événements impliquant l'enfant qui s'y sont produits, des changements qui sont observés ou rapportés, etc. Au menu de ces rencontres prendront aussi place des informations portant sur l'évolution constatée en séance sur le plan de la dynamique affective, sans qu'on entre dans le détail des productions. Bien évidemment, l'incidence et la pertinence de ces rencontres auront été clairement précisées à l'enfant et il aura donné son accord à leur propos. Le thérapeute aura même pris soin de demander à l'enfant s'il y avait des sujets qu'il désirait voir aborder lors de cette rencontre éventuelle, et s'il y en avait d'autres qu'il voulait garder dans le lot des secrets de la thérapie.

Mais alors, qu'est-ce qui peut causer problème de la part du ou des parents ? Voici ce qu'il en est. On rencontre à l'occasion des parents (des mères généralement, plus rarement des pères, mais cela arrive) qui tentent dans les premières semaines d'obtenir après chaque séance un récit exhaustif de ce que l'enfant a communiqué à son thérapeute. On arrive bien évidemment à les faire renoncer à ces rapports ; mais on sent qu'ils le font à regret. Pourquoi leur refuser cela ? C'est simple : l'enfant a besoin, pour s'exprimer <u>totalement</u>, d'un lieu où les conditions maximales d'expression seront présentes[41]. Le psychothérapeute sera le gardien de ces conditions, en plus d'être un agent de la libération de cette expression. De la même façon que l'enfant ne s'exprimerait pas du tout avec la même liberté et la même spontanéité s'il était en présence de ses parents, de même en irait-il s'il savait que sa mère ou son père a accès à ses « secrets ». Il n'y aurait plus de secret, ni même de possibilité d'en livrer à son thérapeute.

Un deuxième cas de figure se produit fréquemment : en amenant son enfant pour une séance, parfois même devant le psychothérapeute, le parent, manifestement toujours habité par la colère, fait une remontrance à son enfant au sujet d'un comportement répréhensible que celui-ci a eu dans la journée ou dans la semaine ; il l'intime d'en parler au thérapeute, comme si celui-ci devait prolonger la remontrance pour pouvoir ainsi en doubler l'effet ; il attend du thérapeute qu'il

41 Ces conditions d'expression seront maximales mais comporteront deux limites : l'enfant ne peut frapper son thérapeute et il ne doit pas détruire le matériel de jeu.

joue pour son enfant un rôle comparable à celui du confesseur qui entend du pénitent le récit de ses fautes, se soucie ensuite de vérifier la présence chez lui du « ferme propos » (de ne pas pécher à nouveau sur ces points !) et, si cette intention est bien présente, lui donne finalement l' « absolution » !!! Il cherche en réalité à influer sur l'« ordre du jour » de la séance. Une telle « sortie » est vraiment quelque chose d'inapproprié, car elle risque de rétrécir considérablement l'espace d'expression que l'enfant comptait utiliser ce jour-là ; de plus, elle porte atteinte à la manière dont l'enfant désire être vu par son thérapeute, ce qu'il faut à tout prix sauvegarder pour assurer le maintien de sa motivation à venir en thérapie et à y travailler. Qu'on m'entende bien : ce n'est pas le fait de communiquer au thérapeute le comportement répréhensible qui n'a pas sa place ; c'est bien plutôt le fait que ce soit réalisé en présence de l'enfant. Un appel téléphonique discret ou un court courriel aurait bien mieux fait l'affaire.

Ce qu'il faut comprendre ici, c'est que la relation de l'enfant avec son thérapeute constitue l'un des principaux outils mis à profit pour la compréhension de la dynamique sous-jacente et, le cas échéant, pour la remise en route de l'élan maturatif. C'est tout à fait comparable à la pellicule qu'utilise le radiologiste, pellicule qui permet la projection et, ultérieurement, le repérage de ce qui se passe en profondeur, sous la surface, de ce qui échappe au regard ou à l'observateur externe. Si le sujet examiné portait sur lui des objets qui feraient interférence, on ne saurait plus trop bien ce qui se passerait en profondeur ; on ne serait guère situé sur l'état du patient ; soit on recommencerait l'examen, soit on soignerait le patient « à tâtons », sans trop savoir ce qui se passe en lui. Dans les deux cas de figure que je viens de présenter, les parents sont exactement cela : des objets qui interfèrent sur l'espace de projection. Si le parent ne s'échappe qu'une fois, c'est récupérable, mais s'il ne s'amende pas, la thérapie peut finir par en souffrir.

Confiance dans la compétence du psychothérapeute

Il est absolument important que la confiance des parents dans les compétences du psychothérapeute puisse s'établir dès les premiers contacts, dès avant la rencontre d'accueil même, si possible. Comme je l'ai précisé déjà, si la référence aux services de ce professionnel s'appuie sur des informations reçues de personnes de l'entourage, celles-ci sont généralement en mesure de donner une description suffisamment précise de la manière de travailler du professionnel ; il en est ainsi à moins que leur propre recours à ces services ne soit trop récent. Dans le cas de cette dernière éventualité particulièrement, mais aussi dans le cas de toutes les autres, les parents peuvent compter, pour cette évaluation, sur un certain nombre d'indicateurs que j'ai fournis au chapitre sixième et sur ceux sur lesquels je vais attirer l'attention au prochain chapitre. Comme dans n'importe quel domaine, par exemple celui des finances (on ne le sait que trop maintenant), le fait pour des parents de ne pas savoir s'y retrouver et de ne pouvoir compter personnellement sur des critères valables les met à la merci de pseudo thérapeutes ; il est alors facile à ceux-ci de sauter sur l'occasion qui se présente pour donner une impression de compétence.

Quoi qu'il en soit, la psychothérapie risque de souffrir à s'accompagner de doutes sur la compétence du thérapeute plus longtemps que les quatre ou cinq premières semaines. Comment un parent peut-il accepter de remettre en cause ses manières de se comporter avec son enfant s'il n'a pas confiance en la personne qui a tenté de lui en démontrer la nécessité ? La confiance dans le psychothérapeute constitue une condition si importante qu'on la retrouve comme prérequis dans beaucoup d'autres volets de l'implication des parents. Non seulement garantit-elle chez ceux-ci la prise au sérieux des recommandations qui leur sont faites, mais elle doit absolument être présente pour assurer le support qu'il faut donner à la thérapie dans ces moments où l'enfant fait montre d'une résistance à poursuivre ; elle se profile nécessairement derrière la capacité de patience démontrée par les parents dans ces périodes où peut apparaître le doute quant à la possibilité que la thérapie puisse atteindre ses objectifs, c'est-à-dire la remise en route de l'élan maturatif. Et bien sûr, c'est parce qu'ils peuvent avoir confiance dans le thérapeute que les parents sont capables d'accepter sa discrétion face au détail du jeu de leur enfant, d'accepter que celui-ci crée avec lui un espace relationnel dont ils seront exclus jusqu'à un certain point. La confiance des parents en la personne et en la compétence du psychothérapeute n'est décidément pas une réalité banale. La nécessité de sa présence implique réellement, encore une fois, qu'on choisisse bien ce psychothérapeute.

L'efficacité de la psychothérapie telle que nous l'avons présentée et décrite jusqu'ici repose donc sur des conditions auxquelles les parents doivent porter attention et qu'ils doivent mettre en place et maintenir tout au long du processus. Le psychothérapeute peut rappeler discrètement l'importance de l'une ou l'autre de ces conditions, si la chose lui paraît indiquée ; il n'a pas toujours le temps d'expliciter pleinement sa raison d'être. Il est à espérer que les informations qui ont été données dans ce chapitre pourront éclairer les parents, soit en prévision d'une mise en thérapie de leur enfant, soit au moment où celle-ci se déroulant, ils se sentiront interpelés par une remarque du psychothérapeute ayant un lien avec l'une ou l'autre de ces conditions.

Chapitre huitième

Ce que les parents sont en droit d'attendre du psychothérapeute

Les parents peuvent se consoler : s'ils ont des conditions à respecter pour la mise en place, le déroulement et la réussite de la psychothérapie de leur enfant, le thérapeute en a également à leur égard et ils sont parfaitement en droit de s'attendre à ce qu'elles soient présentes. Ces conditions, il est opportun de les aborder maintenant. Comme je l'ai annoncé précédemment, les points que je vais présenter dans ce chapitre se situent dans le prolongement des informations livrées au chapitre septième concernant les critères à utiliser pour le choix du psychothérapeute.

Je vais m'arrêter sur chacun de ces points en tenant compte de l'ordre chronologique dans lequel ils sont susceptibles d'apparaître. J'ai dû me résoudre à faire usage de phrases pour le titre qui a pour mission de les introduire, car cette façon de faire m'a paru la plus favorable au maintien du rythme de présentation et à une évocation rapide du contenu qui s'ensuit. Les sujets abordés successivement porteront sur l'impression dégagée par le thérapeute, l'information fournie au sujet de la dynamique, celle fournie au sujet de la durée probable de la thérapie, les orientations concernant les attitudes des parents et le rythme des rencontres parents – thérapeute.

L'impression que dégage le psychothérapeute chez les parents doit être positive

Dès la première rencontre, voire même dès les premiers moments de celle-ci, les parents sont en mesure d'évaluer le degré d'aisance et de confort qu'ils ressentent face à un thérapeute. Pour autant que je puisse en juger en me basant sur mon expérience personnelle et sur celle de psychologues que je me suis trouvé à superviser au fil des ans, certainement près d'une centaine (en plus de mes étudiants en psychologie)[42], je peux dire que les choses se passent généralement très bien. Les deux parents ressentent tout de suite la qualité de la capacité d'empathie du thérapeute ; ce niveau d'aise, qui s'est dès lors mis en place, leur facilite la tâche au niveau de la présentation de la problématique de leur enfant. Considérant la qualité du regard du clinicien, de la tonalité de sa voix, de sa capacité d'écoute, de la délicatesse avec laquelle il fait développer des points restés obscurs, de la pondération de sa réaction aux informations qui lui sont fournies, les parents savent rapidement dans quelle mesure ils vont pouvoir faire équipe avec lui dans la tâche qui les attend.

Si les choses sont telles généralement, pourquoi alors se préoccuper de cette impression initiale ? Les choses se passent bien le plus souvent, en effet, mais, si je me fie sur ce qu'ont rapporté certains parents, on peut aussi tomber sur un clinicien pour qui, manifestement, le malaise des parents n'est pas quelque chose à éviter. Il fut un temps pas très lointain où une telle approche était même valorisée. Il est vrai qu'à cette époque, on ne considérait pas comme très important de mobiliser les parents pour la réussite de la thérapie ; on prenait pour acquis qu'on pouvait faire évoluer un enfant sans une implication profonde et soutenue du père et de la mère. Je ne suis pas sûr que cette façon de vivre et de faire vivre la première entrevue ait complètement disparu. Devant ce professionnel muet comme une carpe, contrôlant au maximum son expressivité en la « gardant au neutre » comme s'il jouait une partie de poker, les parents se sentent jugés, infériorisés, appelés à adopter une position de dépendance,

42 J'ai accompagné dans cette démarche une bonne vingtaine d'étudiants en moyenne chaque année et je l'ai fait sur plus de vingt ans.

d'incompétents à qui il faut montrer comment faire... On peut facilement les comprendre. Mais il n'y a pas qu'un seul type de cliniciens qui provoquent l'aversion. Du temps de mes études parisiennes, j'ai assisté deux ou trois fois à la consultation hebdomadaire d'un psychanalyste réputé à l'époque pour ses publications sur l'enfance en difficulté ; chaque semaine, ce clinicien recevait pour une première rencontre le (ou les) parent(s) d'un enfant en présence de son assistante et de quelques étudiants. À la dernière de mes présences dans la salle d'entrevue, je fus sidéré de voir le clinicien se mettre à un moment donné à invectiver le parent, avec des mots qui auraient mérité de figurer dans un dictionnaire des insultes. À la première bonne occasion, je quittai les lieux, me disant en moi-même : « Voilà décidément un exemple de ce qu'il ne faut pas faire... ».

Le psychothérapeute d'enfant est attentif au climat de la première rencontre comme à celui des rencontres suivantes ; au fil de son expérience, il a su développer une façon de faire avec les parents qui permet à ceux-ci de tirer le maximum d'eux-mêmes dès ces premiers contacts. Il faut mentionner que ce qui l'a attiré vers la pratique infantile et l'y a maintenu, c'est l'âme d'enfant qu'il a su conserver en grandissant, en devenant adulte, et qu'il est capable de mobiliser quand il est en séance avec l'enfant. Il a suffisamment l'esprit ludique pour ne pas donner l'impression de dramatiser à l'excès[43] ; il a une vision des choses qui s'intéresse au passé, c'est bien certain, car sa compréhension de la dynamique de l'enfant l'exige ; mais cette vision des choses est également tournée vers l'avenir, ce qui le porte à être à l'affût de ces conditions qui peuvent permettre au développement affectif de l'enfant de se relancer ; il est de ce fait à l'affût de ce qui

43 Ce qui n'exclut pas le fait qu'à l'occasion, il doive se montrer quelque peu direct, par exemple, avec des parents qui ne tiennent pas leurs engagements, mais il le fait sans jamais verser dans la colère ouverte et, encore moins, dans l'insulte.

est mobilisable chez le parent ou de ce qui peut empêcher cette mobilisation souhaitée. Il est certes important qu'il soit habité par cette vision bidirectionnelle ; il est également important que l'impression qu'il dégage devant les parents rende ceux-ci confortables et disposés à le faire accéder en toute ouverture à la réalité particulière du milieu familial dans lequel vit l'enfant.

Les parents doivent rapidement être fixés sur la dynamique affective qui sous-tend les symptômes présentés par l'enfant

Le psychothérapeute doit être en mesure, dès la deuxième rencontre avec les parents, de préciser en termes simples le mode de fonctionnement affectif de l'enfant et, du même coup, la dynamique affective qui sous-tend les symptômes. Il ne le fera pas à la rencontre d'accueil, généralement, à moins que les informations fournies soient particulièrement claires. Le plus souvent, il faudra que les parents attendent la deuxième rencontre pour obtenir une telle information. L'enfant aura alors été rencontré deux, trois ou, plus rarement, quatre fois, pas davantage ; par son analyse du matériel ludique et la mise en relation de celui-ci avec les données recueillies antérieurement, le psychothérapeute aura pu dégager le « sens » qui se profile derrière les comportements problématiques. Si, à la deuxième rencontre, il n'est pas en mesure de préciser la nature du mode de fonctionnement affectif, il doit au moins dire quelles sont les pistes qu'il retient, entre quelles orientations il hésite et pourquoi. Mais ce repérage ne peut être remis indéfiniment. La troisième rencontre doit alors suivre à une date assez rapprochée. Si les parents constatent que le psychothérapeute ne peut toujours pas dire ce qu'il en est, s'il est toujours incapable de préciser ce qu'il entrevoit derrière les symptômes, restant plutôt centré sur ceux-ci essentiellement, c'est qu'ils sont devant quelqu'un qui ne peut aider leur enfant véritablement.

La manière dont le thérapeute s'acquitte de sa tâche à ce niveau est sans doute, à mes yeux, et de loin, le meilleur critère pour évaluer sa compétence en psychothérapie par le jeu, tellement ce volet du travail est fondamental. Sans ce repérage du mode de fonctionnement affectif et du sens qui se profile derrière les symptômes, comment un thérapeute pourrait-il orienter son travail ? Comment pourrait-il guider les parents dans la tâche de remise en cause de leur façon d'être avec l'enfant ? Comment pourrait-il leur préciser les attitudes ou réactions à adopter, celles à éviter ? Comment pourrait-il arriver à décoder avec justesse les productions et les réactions de l'enfant en séance ? Comment pourrait-il dégager la signification des changements qui s'opèreraient chez l'enfant ? Comment pourrait-il déterminer avec certitude où en serait rendue la psychothérapie, quel chemin resterait-il à parcourir, quand pourrait-on penser à clore le processus, etc. ? C'est, en définitive, tout le travail psychothérapeutique qui repose sur ce repérage du mode de fonctionnement. C'est bien là pourquoi celui-ci doit être réalisé avec la plus grande précision possible dès les toutes premières semaines.

Le thérapeute doit pouvoir donner une idée relativement précise de la durée de la psychothérapie dès la deuxième rencontre avec les parents

J'aurais pu inclure cet aspect du travail dans la liste de ceux qui dépendent du repérage et de la prise en compte initiale du mode de fonctionnement affectif. Mais, à cause de sa valeur potentielle comme critère d'évaluation de la compétence du psychothérapeute, j'ai choisi de lui consacrer un traitement particulier. Dans les illustrations que j'ai fournies au chapitre quatrième, on se souviendra que j'ai pris le soin d'indiquer, en toute fin de chacune des vignettes, le temps approximatif qu'il faut compter pour lever la problématique. Ces prévisions, tout comme celles que peut faire un psychothérapeute d'expérience, tiennent compte de la nature du mode de fonctionnement affectif et de l'âge de l'enfant ; elles supposent également une implication réelle de la part des parents, telle que j'en ai défini les paramètres au chapitre précédent ; elles prennent, en outre, pour acquis que l'enfant va être rarement absent à sa séance hebdomadaire. Autrement dit, elles supposent que la psychothérapie va pouvoir se dérouler dans des conditions optimales.

Une telle information joue un rôle important dans l'esprit des parents. En effet, elle a sur eux un effet mobilisateur si on leur laisse entendre, comme il est suggéré de le faire, que cette prévision prend pour acquis une réelle implication de leur part. Elle a également un effet sécurisant : elle constitue à leurs yeux, et avec raison, une belle indication de la compétence du thérapeute, notamment de ses connaissances dans le domaine de la thérapie d'enfant, de sa connaissance du type de la problématique présentée par leur enfant et de l'évaluation qu'il fait du défi que celle-ci pose compte tenu de son âge. La précision des balises temporelles probables est aussi sécurisante pour les parents en ceci qu'elle leur laisse entrevoir que le processus thérapeutique n'aura pas une durée illimitée et qu'il ne contraindra pas la famille ou des parents chacun de leur côté à subir des restrictions plus ou moins prononcées selon leurs disponibilités budgétaires. De nos jours, les honoraires du psychothérapeute tournent, dans les grands centres, autour de la centaine de dollars la séance (environ soixante euros). Pour beaucoup de parents, c'est une somme d'argent importante et il est tout à fait normal qu'ils apprécient être informés dès que possible de l'ampleur de l'investissement qu'ils choisissent de faire pour l'équilibre de leur enfant. Il est aussi sécurisant pour eux que le psychothérapeute leur donne l'assurance concrète qu'il s'en soucie lui-même.

Dès les premières rencontres, le thérapeute aide les parents à mettre au point et à maintenir des orientations susceptibles de faciliter l'évolution de l'enfant

À partir du moment où le psychothérapeute est parvenu à cerner ou à confirmer le niveau du fonctionnement affectif de l'enfant, il est en mesure de faire apparaître le sens des symptômes de ce dernier ; il est également en mesure de mettre en rapport la fixation à ce mode de fonctionnement avec des conditions qui prévalent dans la relation des parents avec l'enfant, père ou mère ou les deux. Comme nous venons de le voir, ce repérage intervient tôt. C'est dire que dès les toutes premières rencontres[44], le psychothérapeute se soucie d'assister les parents dans une réflexion commune aboutissant à l'identification de leurs attitudes ou des façons de faire qui ont contribué et qui contribuent encore à l'apparition et au maintien de la situation problématique. Se basant sur son expérience (ou, pour les plus jeunes, sur celle de son superviseur), il peut rapidement sensibiliser l'un ou l'autre des parents (ou les deux) à l'importance de mettre de côté des comportements personnels problématiques et de mettre préférablement en place des comportements favorables au déblocage de la situation affective de l'enfant[45].

Ce support et cette « guidance » donnés aux parents vont d'ailleurs se maintenir tout au long de la thérapie de l'enfant. Par exemple, quand les bénéfices de cette réorientation des

44 Le thérapeute le fera généralement à la deuxième rencontre ; s'il est un clinicien particulièrement habile ou expérimenté, il le fera dès la première séance à l'occasion.

45 Je me permets de rappeler ici que ces orientations ne sont pas arrêtées en tenant compte des symptômes de l'enfant (comme le fait le professionnel pratiquant le « coaching parental » ou une approche comportementaliste) mais bien plutôt en tenant compte du sens qui se profile derrière les symptômes, sens qui se rattache au mode de fonctionnement affectif et qui est révélé par les productions de l'enfant en séance. Généralement, la mise en rapport de ce sens (des productions) avec les informations portant sur l'anamnèse de l'enfant, d'une part, et l'analyse des faits rattachés au vécu relationnel avec le thérapeute, d'autre part, confirment pratiquement hors de tout doute raisonnable le mode de fonctionnement affectif de l'enfant.

attitudes et des conduites parentales auront commencé à apparaître, le psychothérapeute supportera les parents dans leur manière révisée de réagir ou d'interagir avec l'enfant ; il sera capable de montrer les effets heureux de cette nouvelle manière de procéder sur le fonctionnement dynamique de celui-ci. En fait, tout au long de la psychothérapie, le thérapeute fournira aux parents des informations leur permettant de saisir la relation entre les conditions nouvelles qu'ils ont faites à l'enfant, l'évolution réalisée ou en voie de l'être par celui-ci dans sa dynamique affective et, ultimement, la disparition de ses symptômes. Mais encore faut-il que les rencontres thérapeute – parents soient régulièrement tenues. J'y viens.

Les parents doivent s'attendre à être convoqués par le thérapeute à des intervalles de quatre ou cinq semaines

Pour que les parents puissent réaliser ce niveau de présence, il faut que le rythme des rencontres avec le thérapeute ne soit pas trop relâché. J'ai déjà indiqué que ces rencontres devaient se tenir une fois les quatre ou cinq semaines au moins, avec de courts contacts téléphoniques intercalés si besoin était. Rencontrer les parents une fois tous les trois ou quatre mois seulement me paraît franchement incompatible avec les exigences d'une implication rapide et soutenue de leur part. Pire encore, si l'enfant est présent à ces rencontres... Compte tenu du caractère incontournable de cette implication parentale, il est fort probable qu'une telle façon de faire fasse le lit de pseudo thérapies d'une durée illimitée... Et par le fait même, tout à fait inefficaces. À moins que les parents ne mettent fin à cette « expérience », se rendant compte finalement que l'intervention ne va nulle part...

Dans la section qui précède, je me suis employé à cerner la teneur habituelle des rencontres parents – psychothérapeute. Dans cette présentation des choses, j'ai surtout insisté sur l'apport du psychothérapeute, effleurant à quelques moments la contribution des parents. Même si je m'expose à des redites, pour conclure la présente section, je vais ajouter des arguments en faveur du rythme soutenu de ces rencontres en décrivant de façon plus explicite cette contribution parentale.

Premièrement, il faut que les parents puissent décrire ce qu'ils perçoivent de l'évolution de leur enfant, à la maison comme dans les autres milieux de vie (garderie, école, service de garde, autobus scolaire, quartier, etc.), les comportements qu'il maintient, les nouveaux comportements qu'il adopte, les désirables comme les indésirables. Si le psychothérapeute n'accède pas à ces informations, il risque d'être à terme complètement débranché de la vie concrète de l'enfant. Il risque de perdre une partie importante de son « langage ». Le témoignage des parents n'est rien de moins qu'une assurance contre ce risque.

Deuxièmement, les parents doivent être vus régulièrement pour pouvoir témoigner de la manière dont ils persévèrent dans la mise en œuvre et le maintien des orientations les concernant convenues dans les séances antérieures. Il arrive que certains d'entre eux fassent preuve de légèreté ou d'incohérence dans l'application de ces nouvelles conduites ou attitudes qui leur ont été recommandées et auxquelles ils ont pourtant explicitement souscrit. Il faut que le psychothérapeute puisse leur donner l'occasion d'exprimer leurs doutes sur la pertinence de ces orientations ou sur les raisons de leur hésitation à les mettre en pratique.

Troisièmement, il est nécessaire que le psychothérapeute puisse régulièrement donner la chance aux parents de lui livrer des informations sur les réactions de l'enfant aux modifications de leurs attitudes ou façons de faire avec lui.

Ces informations sont susceptibles d'être fort précieuses pour la compréhension en profondeur des productions de l'enfant en séance et de certaines de ses réactions à l'endroit du thérapeute.

Quatrièmement, le rythme soutenu des rencontres avec le thérapeute s'impose pour que les parents puissent être tenus au courant de l'évolution de l'enfant en thérapie et surtout, du sens de cette évolution. Et au fur et à mesure que la psychothérapie suit son cours et donne ses fruits, le thérapeute doit traduire aux parents ce que l'accès prochain ou tout récent à un nouveau mode de fonctionnement affectif va exiger d'eux en termes d'adaptation, de modification dans la manière de se comporter avec leur enfant. Il se trouve que généralement, ces changements se produisent rapidement, surtout si l'âge de l'enfant n'est pas trop éloigné de celui auquel l'accès à ce mode supérieur se produit normalement.

Cinquièmement, le psychothérapeute rencontre les parents en fin de parcours pour faire avec eux le bilan de la psychothérapie, pour prendre connaissance des informations qui confirment l'état d'équilibre atteint par l'enfant et sa capacité de voler de ses propres ailes, désormais. Il leur laisse alors entrevoir les attitudes qu'ils auront à adopter ou à maintenir pour assurer la vitalité de l'élan maturatif de leur enfant dans les prochains mois et au-delà.

Ces conditions justifiant des rencontres régulières du psychothérapeute avec les parents sont pratiquement toujours présentes. Il peut arriver que d'autres situations particulières au cas s'y ajoutent. La psychothérapie d'un enfant qui ne pourrait pas s'accompagner de ces rencontres régulières se priverait très certainement d'un atout absolument essentiel, on peut l'entrevoir aisément maintenant.

Au moment d'introduire cet ouvrage, j'ai insisté sur la fonction informative que son contenu devait idéalement remplir auprès des parents, son public cible. L'ouvrage devait éclairer tout particulièrement les parents qui ont recours ou qui s'apprêtent à avoir recours au service d'un psychothérapeute pour leur enfant. Il devait les rendre plus conscients de l'importance de leurs choix et de leur rôle pour la réussite de la psychothérapie. Pour garantir l'atteinte de cet objectif, son contenu a été conçu comme un parcours à accomplir un peu à la manière de celui que nous réalisons lors de la visite d'une maison jusque-là inconnue. Nous avons pris connaissance du « sous-sol et des pièces sises à chacun des paliers » ainsi que des éléments qui les « meublent ». Mais si nous portons notre regard sur le titre donné en page couverture, nous réalisons que notre parcours n'est pas tout à fait complet. « Une pièce » n'a pas encore été visitée ; en guide minutieux, je ne l'ai surtout pas oubliée ; au contraire, je l'ai eue à l'esprit tout au long du parcours. L'accès tardif à cette « pièce » découle du fait qu'elle est située tout en haut de la « maison », juste en dessous du faîte ; cette pièce n'est pas un « grenier » mais un espace bien aménagé où sont exposés des items reliés à la communication à l'enfant de la pertinence et des modalités (ou du « faire quoi ») de la psychothérapie. Il est temps d'y entrer.

Chapitre neuvième

Comment annoncer la psychothérapie à l'enfant et comment gérer sa réaction

Les parents en sont maintenant parvenus à ce point : après avoir décidé de prendre contact avec un psychothérapeute, après avoir rencontré ce dernier, après lui avoir exposé la situation dans laquelle se trouve leur enfant, après avoir passé en revue les événements précédant l'apparition de ses symptômes et les principaux éléments de son histoire, ils doivent maintenant annoncer à l'enfant qu'ils veulent l'« amener voir quelqu'un qui va l'aider à aller mieux », pour reprendre les termes qui sont le plus souvent utilisés. C'est un moment important. En témoignent la place que lui confère le titre du présent ouvrage et l'intérêt que ce titre a suscité dès l'abord chez ceux qui ont décidé d'emprunter le parcours qu'il annonçait. Ce moment est important également en ceci que la manière dont il sera vécu par l'enfant va en quelque sorte concourir à établir sa disposition initiale face à la psychothérapie et à faire en sorte que cette dernière puisse démarrer dans les meilleures conditions possibles.

Que peut-on conseiller aux parents pour cette annonce à faire à l'enfant ? Quelles sont les conditions à surveiller pour que cette annonce se réalise le mieux possible ? Telles sont les questions auxquelles je vais suggérer des réponses dans ce chapitre.

Éviter de présenter la perspective de la thérapie sous le coup d'une réaction négative en relation avec l'enfant (colère, ressentiment, exaspération, forte anxiété, etc.)

Pour la plupart des parents, j'imagine que cette provision est évidente, rien d'autre qu'une lapalissade. Il faut savoir qu'il arrive parfois des choses qui sont pour le moins déconcertantes. Par exemple, alors que la psychothérapie vient tout juste de se mettre en branle, un papa suggère à son fils de demander au Père Noël de lui donner un cerveau comme cadeau de Noël parce qu'il donne l'impression de ne pas en avoir... ; il s'agit d'une remarque qui en dit long sur la manière dont ce père voit son fils ; on ne doit pas être surpris qu'en thérapie comme dans ses divers milieux, ce garçon lutte avec le sentiment qu'il n'est pas et qu'il ne peut être à la hauteur. Les parents doivent absolument éviter de faire cette annonce ou cette proposition dans un contexte négatif, parce que ce contexte va donner à la démarche une coloration punitive aux yeux de l'enfant ; dès lors, la proposition risque d'enfoncer celui-ci dans une vision encore plus négative de lui-même. Comment, dans ces conditions, pourrait-il arriver bien disposé chez le psychothérapeute ?

Présenter la psychothérapie à l'enfant pour ce qu'elle est fondamentalement, c'est-à-dire comme une mesure visant à lui venir en aide

La grande majorité des enfants en difficulté sont conscients de leur situation problématique ; en seul à seul avec le psychothérapeute, dès qu'ils se sont un tant soit peu débarrassés de leur gêne, beaucoup d'entre eux font des confidences qui attestent de cette conscience. Rares donc sont les enfants qui vont refuser la « perche qui leur est tendue » avec la psychothérapie. Voici deux exemples : « Je viens te voir parce que je sais que tu peux aider ceux comme moi qui ont des peines interminables », révéla d'emblée à sa thérapeute un garçon adopté de 7 ans qui n'arrivait pas à faire le deuil de sa mère naturelle ; une fillette de 8 ans confia à sa thérapeute dès les premiers moments de la première séance : « Je suis pas bien à la maison, je suis pas bien à l'école, je suis pas bien nulle part ; vas-tu pouvoir m'aider ? ». Les parents doivent retenir que la perspective de la thérapie doit être présentée dans un contexte serein, avec une attitude favorable, positive, pleine d'espoir en l'évolution à venir. Si, pour une raison ou une autre, l'un des parents ne peut échanger avec l'enfant dans cet esprit, il vaut vraiment la peine qu'il laisse la place à l'autre.

Agir en tenant compte de l'âge de l'enfant

La tâche d'annoncer ou de présenter la thérapie n'est pas la même dans le cas d'un tout-petit que celle concernant un enfant qui approche la fin du cours primaire. À un enfant de deux ans ou deux ans et demi[46], il suffit aux parents de dire qu'à chaque semaine, ils vont l'amener chez Untel ou Unetelle, qui va bien s'occuper de lui ou d'elle ; ils peuvent ajouter que cette personne va le faire jouer et qu'elle va être là juste pour lui. Il n'est pas nécessaire, avec un enfant de cet âge, d'entrer davantage dans la présentation des « services à venir ». Le charme de se retrouver avec une personne qui veut lui consacrer tout son temps et qui, surtout, « habite » un endroit où abondent les jouets va faire le restant. On peut pratiquement dire que ces conditions vont prévaloir jusqu'à quatre ans au moins. Il faut noter qu'à compter du moment où l'enfant va commencer à se libérer de sa problématique, il peut demander à sa psychothérapeute, comme l'a fait un garçonnet de quatre ans : « Pourquoi tu joues avec moi comme une maman ? ». Les petits, quand ils se mettent à aller mieux, savent témoigner leur reconnaissance d'une manière fort touchante, parfois.

46 Les parents peuvent se demander à compter de quel âge un enfant peut-il avoir accès à une psychothérapie par le jeu ? Pour certains enfants, ce peut être à un âge inférieur à deux ans, surtout s'ils ont une capacité de s'exprimer par le jeu qui est bien lancée ; il se peut toutefois que dans le cas des surdoués, la psychothérapie arrive à faire apparaître cette capacité assez rapidement. Pour la majorité des autres, ils peuvent être reçus à partir de deux ans ou deux ans et demi. Il faut remarquer qu'à ces âges, la psychothérapie n'aura pas nécessairement besoin d'être maintenue jusqu'à l'entrée dans la période œdipienne : dans ces cas également, il suffira que l'enfant soit entré dans le mode de fonctionnement normalement attendu à son âge.

À partir du moment où un enfant à référer a plus de 4 ans ou 4 ans et demi, il faut généralement que les parents lui en disent un peu plus sur les raisons qui justifient la démarche : ils peuvent lui faire mention du fait qu'il ne semble pas aussi heureux ou joyeux qu'il pourrait l'être, qu'il n'a pas l'air d'être heureux à la garderie avec ses « amis » et que ceux-ci ne sont pas gentils à son endroit ou qu'il ne les aime pas (comme il le leur rapporte souvent) ; ou encore, ils peuvent faire état que la gardienne ne le trouvait pas suffisamment content ou heureux pour pouvoir continuer de la recevoir dans sa garderie, etc.

Chez un enfant de 5 ou 6 ans, la conscience de sa situation problématique et de sa portée est suffisamment grande pour que les parents puissent intégrer dans la justification davantage de données et d'éléments connus des deux parties ; il ne leur faut pas oublier, cependant, qu'ils doivent toujours le faire d'une manière qui traduit le support et non la condamnation. Ici encore, les confidences de l'enfant à son thérapeute dans les toute premières semaines de sa psychothérapie révèlent cette conscience de la justification de la référence : Karine appelle sa thérapeute son « docteur du cœur et du cerveau » et lui dit qu'elle est là « pour soigner ses peines ». Plus l'enfant s'approche de la fin du primaire, plus cette conscience de la nécessité de la psychothérapie s'accroît et devient plus précise, à moins, bien sûr, que l'enfant ne soit aux prises avec des problèmes très importants.

Souvent, l'enfant lui-même peut contribuer activement aux justifications de la référence, soit au moment de l'annonce ou dans les heures ou jours qui suivent. Une fois qu'elle a pris son rythme et atteint un bon niveau d'intensité, la psychothérapie elle-même va toujours pouvoir s'appuyer sur la prise en considération par l'enfant de ce qu'il reçoit de son thérapeute. Une belle illustration de cela nous est fournie par Ariane, 10 ans, au moment où sa thérapie s'approchait de son terme ; elle écrivit sur un bricolage offert à sa psychothérapeute : « Merci pour tout ce tu as fait pour moi ! Merci de m'avoir aidée à surmonter des épreuves difficiles, de m'avoir donné des trucs quand j'en avais besoin et d'avoir gardé mes secrets. Je souhaite à tous les enfants qui en ont besoin d'avoir la même chance que moi, car ça fait vraiment du bien ! ». Une autre fillette, âgée de 5 ans, très heureuse du chemin parcouru au cours de sa thérapie, confectionne, à l'avant-dernière séance de celle-ci, deux colliers avec médaille, l'un pour sa thérapeute, l'autre pour elle-même, parce que, dit-elle « nous avons bien travaillé ensemble ».

S'appuyer quand on peut le faire sur un événement qui a joué le rôle de déclencheur de l'inquiétude des parents

Comme j'en ai donné un exemple ci-dessus (renvoi de la garderie), les parents peuvent s'appuyer sur un événement difficile à encaisser survenu récemment : suspension ou renvoi de l'école, ou de l'autobus scolaire, mauvais bulletin qui témoigne d'une détérioration continue et inquiétante de la performance à l'école, etc. Les parents peuvent fort bien évoquer des faits de ce genre mais encore une fois, il est important qu'ils évitent de donner à leur propos une allure de reproche. D'autres événements récents qui peuvent être mis en relation avec le moment d'apparition des symptômes justifiant la référence peuvent également être évoqués, mais d'une manière plus directe ou ouverte : la séparation des parents, le décès d'un proche ou autres événements dramatiques dont l'enfant aurait été témoin ou victime ; pour un enfant, ce fut une agression sauvage de la part d'un voisin sur la personne de son père dans sa propre maison (cas différent de celui de Félix au chapitre quatrième) ; pour un autre, ce fut d'avoir subi une agression de la part d'une personne malade mentale en pleine rue à Montréal. Dans ces cas, il est facile de convaincre l'enfant qu'il est nécessaire de parler d'un tel événement avec quelqu'un qui peut l'entendre et l'aider à surmonter l'effet qu'il a eu sur lui.

Tenir compte des remarques « inquiétantes » ou « problématiques » faites antérieurement par l'enfant sous le coup de l'anxiété, de la colère, du découragement, etc.

Pour illustrer ce cas de figure, voici deux exemples. Le premier concerne un garçon de 7 ans qui a dit, à propos du nouveau conjoint de la mère (conjoint qui semble pourtant bien disposé à son endroit) : « Lui, je le hais, je pourrais le tuer ». En revenant avec son fils sur ces paroles dans un climat propice, la mère peut fort bien dire : « Je vois que c'est difficile pour toi d'accepter qu'X (son copain) soit entré dans ma vie. Pourquoi n'irais-tu pas en discuter avec Unetelle ? Elle sait écouter et faire s'exprimer les enfants qui ressentent une grande colère à l'intérieur d'eux-mêmes ». Le deuxième exemple se rapporte au cas d'une fillette du même âge, qui est très opposante à la maison et ce, à un degré vraiment insupportable pour la mère ; dans un moment de colère, elle dit à cette dernière : « Tu peux me tuer ». À la première bonne occasion (sérénité oblige), la mère peut très bien revenir avec elle sur ces paroles et lui proposer : « Tu sais, ces paroles que tu m'a dites, elles m'inquiètent vraiment ; c'est tellement pas, mais tellement pas ce que je souhaite pour toi... Pourquoi n'irais-tu pas rencontrer quelqu'un pour lui confier ce que tu ressens face à moi ou face à ta place dans cette maison ? »[47].

Donner le temps à l'enfant d'y penser si on le sent d'emblée réticent ou peu enthousiaste

Il peut s'avérer pertinent et fructueux, dans certains cas, de laisser à l'enfant le temps de penser à la suggestion

47 Comme il arrive souvent dans le cas des fillettes qui font montre d'une attitude marquée d'opposition envers leur mère, ces paroles étaient celles d'une œdipienne mal en point qui, dans son for intérieur, fomentait le souhait que sa rivale maternelle disparaisse et qui s'en trouvait vraiment coupable, au point de lui suggérer le châtiment qu'elle pensait s'être mérité.

d'aller consulter. Cela peut s'imposer notamment dans le cas d'un enfant qui est près de l'adolescence ou qui y est entré. Une telle modalité peut être particulièrement indiquée si les parents sentent qu'il ne fait pas montre d'enthousiasme ou même s'il est manifestement réticent face à la démarche proposée. Il est vraiment préférable, et de loin, dans de telles circonstances, de chercher à éviter l'imposition de la démarche de consultation, ce qui pourrait pousser l'enfant à se braquer dans une position de refus.

Comme dernier recours, prendre entente avec l'enfant pour qu'il aille à une première rencontre avec le psychothérapeute et « qu'ensuite on verra »

Voilà la dernière carte qu'il faut jeter si la résistance se maintient. Généralement, l'enfant réticent va se montrer ouvert à la perspective d'une « séance d'essai ». Il faut compter sur le savoir-faire du psychothérapeute ou encore sur le climat et la nature des échanges de cette séance pour « arracher » le consentement de l'enfant et vaincre ses dernières résistances. Si cela ne se produit pas, il s'impose aux parents de rester calmes : l'idée va faire son chemin dans l'esprit de l'enfant et elle germera au fil des événements difficiles qui vont continuer d'étayer sa vie quotidienne. Le bon sens va finir par s'imposer, plus tôt que tard ; l'enfant va dès lors accepter de saisir « la perche qu'on lui tend ».

Je vais faire quoi avec elle ?

Voilà ! Nous en sommes à la dernière partie de la question du titre de l'ouvrage : celle du « faire quoi [avec la thérapeute] ? ». Après avoir lu les différents chapitres qui ont précédé celui-ci, les parents sont normalement à l'aise désormais pour répondre à cette interrogation. Ils savent notamment que le thérapeute met à la disposition de l'enfant toutes sortes de jeux qui vont favoriser son expression spontanée. Ils savent que leur enfant ne sera pas invité à jouer seulement pour jouer, à ne dessiner que pour dessiner, à improviser des jeux théâtraux (pour un plus vieux) simplement pour laisser libre cours à sa spontanéité. Ils savent que le thérapeute va porter une attention soutenue au contenu des productions de leur enfant, qu'il va découvrir le « sens » profond qui s'y cache, sens qui renseigne non seulement sur sa « façon d'être au monde » (son mode de fonctionnement affectif), mais également sur ce qui cherche à se dire derrière ses symptômes, ses comportements problématiques, etc. Ils savent qu'entre l'enfant et le thérapeute va se mettre en place et se maintenir un niveau de communication grâce auquel l'un et l'autre vont progressivement s'approcher du cœur de la problématique pour s'y retrouver finalement et travailler ensemble à sa dissolution.

Cela étant rappelé, les parents ne devraient donc pas être déroutés par la question « Je vais faire quoi avec elle (ou lui) ? » que pose leur enfant. Ils pourront, fort aisément, je l'espère, improviser une réponse tout à fait adaptée en s'inspirant du contenu de cet ouvrage, contenu dont je viens de résumer des pans essentiels. Ils pourront fort bien répondre à l'enfant (en adaptant ce contenu à son âge) : « Tu sais, X (la thérapeute) sait comment travailler avec les enfants ; elle va te faire jouer ; elle a beaucoup de jouets, car elle travaille avec ça ; elle va te faire raconter ce qui arrive dans tes jeux. Puis, elle va te demander la même chose avec les dessins que tu vas faire ou la pâte à modeler que tu vas utiliser. C'est toi qui vas décider quel jeu prendre et quoi faire avec lui. Puis, tu vas en venir à lui raconter tout ce que tu veux, à parler autant que tu veux et de tout ce que tu veux, etc. C'est son métier à elle de faire parler les enfants, pour qu'ils aillent mieux, pour qu'ils soient plus heureux, etc. ». Ici, j'en mets plus qu'il n'en faut généralement ! La plupart du temps, l'explication n'a pas besoin d'être bien longue. Je me soucie ici d'être le plus inspirant possible, tout simplement.

Présenter à l'enfant la perspective d'une psychothérapie est généralement une tâche aisée pour le parent qui communique le plus facilement avec lui. Dans ce chapitre, j'ai volontairement fait apparaître cette démarche comme plus délicate qu'elle ne l'est en réalité dans la plupart des cas. Je l'ai fait avec l'idée de soutenir l'intérêt de tous, et également avec le souci de faire profiter chacun de ce qu'on peut faire ou faire faire quand on se retrouve dans des conditions plus difficiles. Il faut se convaincre que même dans ces cas et même devant un enfant qui refuse carrément, il y a de fortes probabilités que son hésitation ou son refus va éventuellement céder le pas à l'acceptation. Vraiment rares, en fait, seront les enfants qui refuseront d'être aidés, pourvu qu'on sache bien présenter la nature de cette aide et sa pertinence.

Conclusion

Au fil de la rédaction de cet ouvrage, deux préoccupations ont surgi dans mon esprit de façon régulière. La première a souvent pris la forme d'une question, la suivante : en leur donnant autant d'informations, ne vais-je pas donner à certains parents (ceux qui sont psychologues ou éducateurs de profession, notamment) la tentation de s'essayer à mener personnellement un essai de thérapie à l'endroit de leur enfant ?[48] Cette question est d'autant plus pertinente que dans d'autres ouvrages, j'ai précisé dans une large mesure comment le travail psychothérapeutique se réalisait concrètement. Je vais annoncer ma position tout de suite et sans ambages : si c'était le cas, si un parent s'essayait à cela, il ferait une grave erreur. Pourquoi ? La réponse tient à la nature du rapport ou de la relation qui doit se tisser dès la première séance entre l'enfant et son thérapeute. En réalité, mis à part quelques courts passages, j'ai été plutôt discret sur la nature et la portée de cette relation. Je ne saurais clore cette rédaction sans sortir de cette discrétion.

Ici encore, et fidèle à mon habitude, je vais faire appel à une métaphore[49]. Une psychothérapie ressemble à une « voie de contournement » telle qu'il s'en trouve dans le domaine des transports. Cette voie, on le sait, est temporairement mise en place pour maintenir la circulation automobile. L'expression anglaise utilisée pour la désigner est particulièrement

48 Est-on tenté de considérer cette question comme farfelue, comme non avenue ? Je signale que le père de la psychanalyse, oui, Freud lui-même s'est laissé aller à cette pratique, auprès de sa fille, Anna, et deux fois plutôt qu'une Et d'autres psychanalystes ont également tenté la même entreprise.

49 En psychothérapie par le jeu, l'enfant nous fait vivre dans un bain de métaphores et d'allégories. On ne peut faire autrement que d'être porté à faire usage de ces modalités d'expression dès que l'on travaille sur ou avec ses productions.

évocatrice : « by-pass »[50]. On peut en effet, à juste titre, considérer la psychothérapie comme un by-pass en ceci qu'elle permet ultimement à l'enfant de relancer son élan maturatif jusque-là en difficulté ; elle lui permet, en somme, de parvenir au mode de fonctionnement affectif normalement attendu à son âge et d'évoluer dès lors d'une manière qui garantit le maintien de l'équilibre atteint, comme c'est le cas chez les pairs bien portants du même âge.

Il y a des conditions à remplir pour que ce by-pass affectif puisse se réaliser. Dans sa formation, le psychothérapeute par le jeu devient familier avec ces conditions ; il devient conscient du soin qu'il doit mettre pour en assurer le respect ; il a appris que la relation qui s'établit entre lui et l'enfant est une plaque projective pour ce dernier, un espace de nature indéterminée, une « page blanche », sur laquelle il va projeter les éléments du conflit qui le tenaille, de même que ceux qui vont conduire à la résolution de ce conflit. Cette page blanche, l'enfant va l'utiliser en fait exactement de la même manière que les jeux ou les dessins qu'il produit et que les « histoires » qu'il raconte à leur propos ; il s'en sert pour mettre en scène son drame ou l'une ou l'autre facette de son conflit. Du côté du psychothérapeute, cette page est tenue aussi « blanche » que possible tout au long de la thérapie[51]. Son caractère nécessairement indéterminé est incompatible avec les tâches et obligations du parent (et du même coup, de tout éducateur, puisque celui-ci a auprès de l'enfant une présence qui prolonge ou remplace celle du parent) : elle est exempte de désirs, de jugements, de reproches ou encore, d'encouragements et de

50 Si l'on passe de la voirie à la cardiologie, on retrouve également dans cette spécialité médicale cette notion de « voie de contournement » à propos d'une procédure, permanente cette fois, visant à rétablir et à assurer une meilleure circulation sanguine dans le cœur ; je fais allusion, bien sûr, au pontage. La parenté entre ces deux mesures « circulatoires » apparaît bien en langue anglaise puisque c'est le même terme qui sert à désigner l'une et l'autre : « by-pass ».

51 C'est ce qui fait que moins un enfant en saura sur la réalité de son thérapeute (s'il est marié, s'il a des enfants, où il habite, etc.), mieux ce sera.

remarques visant à susciter la motivation, l'amélioration de soi, des rapports avec autrui plus harmonieux, etc. En somme, elle est exempte de tout ce qu'accomplit le parent dans son rôle de tuteur de l'enfant. Le caractère nécessairement indéterminé du by-pass que la thérapie constitue disqualifie complètement le parent (et tout éducateur) pour le rôle de psychothérapeute. C'est l'évidence même. C'est tellement évident que même les psychothérapeutes par le jeu qui ont un enfant en besoin de thérapie confient leur enfant à un thérapeute qui n'est pas de leur milieu social et qui ne connaît pas l'enfant avant de le recevoir en séance.

Il y a un autre aspect du by-pass qui vient appuyer cette première fonction : l'enfant investit son thérapeute et il se sait ou se sent investi par lui. En ce qui le concerne, cette expérience relationnelle conduit bien sûr à une conscience élargie de sa propre réalité, du sens de ses besoins et de ses désirs ; elle conduit également à une évolution de sa manière d'être par rapport à lui-même comme par rapport à autrui. Autrement dit, cette expérience affective qui s'est engagée sur le terrain tout à fait nouveau ou vierge de la relation avec le thérapeute va grandement faciliter l'apparition des changements chez le jeune sujet ; ces changements entraîneront une progression marquée dans le mode de fonctionnement affectif du fait de la remise en état de l'élan maturatif. Or, la relation d'un parent avec son enfant ne peut d'aucune manière offrir ce caractère de nouveauté ou de « virginité » si essentiel pour la réussite de la thérapie et l'atteinte de ses objectifs. Parce qu'elle a une histoire et qu'autant le parent que l'enfant portent celle-ci en eux, cette relation est par trop « marquée » par ce qui vient de l'un et de l'autre : le poids des événements vécus a tôt fait de ramener le parent et l'enfant dans leurs ornières. Avec ce retour dans la voie principale à la « circulation plus ou moins empêchée », aucune possibilité d'obtenir des bénéfices qui équivalent à ceux d'un by-pass.

Le parent d'un enfant en besoin d'une psychothérapie doit donc se maintenir à l'intérieur de son rôle de parent. Il doit accepter de se laisser guider par le psychothérapeute pour les interventions qui ont un rapport très étroit avec le conflit sous-jacent de l'enfant. Si le parent choisit d'outrepasser son rôle et de tenter de lui-même des « manœuvres » pseudo thérapeutiques, il risque d'aggraver, et de beaucoup, le cas de son enfant. Et il rend plus difficile la tâche du psychothérapeute qui aura à intervenir auprès de lui ultérieurement.

Voilà pour cette préoccupation qui visait les parents, en regard du contenu de cet ouvrage. J'en viens à la seconde, et celle-là vise les « psychothérapeutes » de l'enfant qui ne travaillent pas dans cette perspective psychodynamique, qui n'utilisent pas le jeu (et la « relation indéterminée à déterminer par l'enfant »[52]). Dans quelle mesure suis-je arrivé à les interpeler dans leur façon de faire centrée sur le symptôme ou sur les comportements-dérangeants-à-faire-disparaître ? Ou, dans cette autre façon tout aussi éducative de style, orientée vers une transformation des attitudes parentales sans égard à la dynamique sous-jacente au conflit inconscient de l'enfant, en fait, complètement débranchée le plus souvent de cette dynamique parce qu'on est incapable de se mettre à l'écoute de ce qui pourrait y conduire ? J'entends déjà les objections venant de ces intervenants : « Il n'y a pas qu'une seule façon d'intervenir auprès des enfants ». À cela, je réponds : si l'on se tient à l'intérieur de l'« intervention », je suis d'accord sur le fait qu'il y en a plusieurs : celle des parents, des éducateurs, des directeurs d'école, des pédiatres, des policiers, etc. Mais il en va tout autrement si l'on accepte de se situer au niveau

52 Relation « page blanche à déterminer par l'enfant »

de la psychothérapie, c'est-à-dire au niveau de ce processus qu'un psychothérapeute bien formé met en place et qui assure la relance de l'élan maturatif de l'enfant ou la récupération de son déficit affectif. Est-il excessif de ma part de soutenir qu'il n'y a qu'une seule forme de psychothérapie possible pour un tel enfant ? Je laisse les parents réfléchir à la réponse qu'ils donneraient à cette question au terme de ce parcours. Je peux quand même leur confier que si j'étais à leur place, je ne prendrais pas sur le sort de mon enfant en difficulté le risque d'emprunter une avenue autre que celle qui a été décrite dans cet ouvrage.

Un dernier rappel s'impose pour conclure ; il est comme un point d'orgue[53]. La perspective présentée dans cet ouvrage repose sur un ensemble d'idées toutes simples, d'un caractère que je souhaite évident dorénavant aux yeux des parents : le développement affectif de l'enfant se réalise par la traversée de phases ou de périodes facilement identifiables. Comme il en va pour tout processus de croissance, ce développement peut connaître des ratés, notamment parce que les conditions suffisamment bonnes pour l'assurer ne sont pas au rendez-vous ; à cause de l'absence de ces conditions, l'élan maturatif de l'enfant, la poussée normale de sa croissance s'affaisse, voire se fige. Beaucoup de parents un tant soit peu attentifs au développement de leur enfant peuvent témoigner du bien-fondé de ces affirmations. Mais il y a plus, heureusement : il est en effet possible de mettre en place des conditions qui permettent à cet élan maturatif de retrouver sa vigueur, et c'est ce à quoi correspond très précisément la psychothérapie par le jeu ; sauf exception, il est possible de relancer cet élan maturatif et on peut le faire d'autant plus aisément que l'enfant en difficulté se trouve à un âge qui ne s'éloigne pas trop de celui que présente un pair bien portant lors de son accès à

53 En métaphore de l'usage qu'en fait J.-S. Bach.

la même période ; toutefois, plus l'enfant en besoin d'aide s'éloigne de cet âge, plus ce travail de relance se complique, plus il devient ardu[54] et coûteux. Un grand nombre de psychothérapeutes d'enfants peuvent témoigner du bien-fondé de ces affirmations complémentaires.

Trois-Rivières, ce 10 février 2011.

54 Il est important de se rappeler que ce travail de relance devient plus ardu mais reste tout de même possible dans un grand nombre de cas, jusqu'à la fin de l'adolescence à tout le moins.

Bibliographie

Bossé, M. (2003). *Initiation à la pratique psychothérapeutique auprès de l'enfant* (2ème édition : 2008). Montréal : Groupéditions.

Bossé, M., Boileau, M. et Moreau, I. (1999). *Des tout-petits jouent, parlent et... se transforment* (2ème édition : 2008). Montréal : Groupéditions.

Bossé, M., Bissonnette, P. et Boutet, M.-C. (2008). *Le sexe du psychothérapeute et son influence en pratique infantile.* Montréal : Groupéditions.

Laplanche, J. & Pontalis, J.-B. (1971). *Vocabulaire de la psychanalyse.* Paris : Presses Universitaires de France.

Tustin, F. (1992). *Autistic States in Children.* Londres : Routledge & Kegan Paul ltd.

Tustin, F. (2003). *Les états autistiques chez l'enfant.* Paris : Éditions du Seuil.

Table des matières

www.ingramcontent.com/pod-product-compliance
Lightning Source LLC
LaVergne TN
LVHW021037011026
849160LV00009BA/676

* 9 7 8 2 9 2 3 6 5 6 2 1 2 *